誰的青春不叛逆

神老師&神媽咪（沈雅琪） 著

媽媽們，請多愛自己一點

和工程師戀愛長跑十年後，我們結婚了。

結婚第一年，我就懷孕了。當時我身兼生教組長和導師，並且帶領桌球校隊。每天挺著大肚子站在十字路口當導護，下課後又去陪學生練桌球。因為太操勞，懷孕時我只胖了九公斤，兒子生下來卻足足有三千五百克，生長曲線維持在95%。

由於胎位不正，我只能剖腹生產，滿懷期待地生下了第一個孩子後，整個人都沉浸在初為人母的喜悅中。

當時是母嬰分房，到了喝奶的時間，護理師就會通知我下樓去餵母乳。產後胸部又痛又脹的我，帶著肚子上十五公分長的傷口緩緩移動到哺乳室準備餵奶；不過，即使我再努力，兒子漲紅了臉，怎樣都吸不到奶，經常哭到聲嘶力竭。

護理師好心幫我按摩、熱敷來疏通乳腺，沒有奶水就是沒有，只好用擠奶器硬是擠出少許來餵給嗷嗷待哺的孩子。

我以為住在醫院的一個禮拜已經夠難受了，沒想到回到家坐月子才是噩夢的開始。兒子整天不是睡就是哭，我實在弄不清楚他到底是肚子餓還是尿布濕了？大家都說母乳對孩子好，我用擠奶器擠了一個小時還不到 30cc，他沒幾口就喝光了，還得再去泡奶粉才行。

那時工程師在新竹工作，沒有人可以替我換手照顧剛出生的兒子，導致我嚴重睡眠不足，心情變得焦慮，開始出現了產後憂鬱的症狀。

那段期間，我經常一個人開車出去，在街上漫無目的地晃蕩兩三個小時，坐

4

在海邊狂哭，把內心憂鬱不安的情緒一股腦地宣洩出來。

那陣子為了育兒手忙腳亂的我，每天都在厭世和自責的情緒中度過，覺得自己好沒愛心，是個沒用的媽媽，怎麼會這麼討厭小孩呢？另一方面，不管我用什麼方法，兒子還是哭鬧不休，每次他一哭，我也忍不住跟著哭。每天面對這種精神折磨，日子真的是過得苦不堪言。

結婚後，我和工程師都沒有什麼積蓄，兩人的薪水扣除房貸、保母費後，幾乎所剩無幾。但是，第一次當父母親的我們，總想給孩子最好的，將他們照顧得無微不至。

原本照顧孩子就筋疲力盡的我，有了弟弟之後，生活又更加忙碌了。

當時，工程師問我：「妳要不要留職停薪帶小孩？保母費就能省下來。」

我心想，怎麼不是他留職停薪帶小孩呢？

雖然生氣，我還是笑著跟他說：「你看我一個月薪水有四萬多，扣掉保母

5

費，還有一萬多可以買奶粉、尿布，當然要去上班呀！而且我覺得保母帶得比我好。」

工程師想想有道理，我這個沒耐心的人常常爆氣，如果二十四小時帶小孩的話，孩子可能會被修理得更慘。

我很慶幸當時沒有選擇放棄工作，可以保有一點自己的空間。

相信做媽媽的不快樂，孩子也能感受得到吧！

當了媽媽之後我才知道，這個角色一點都不簡單，也不輕鬆，永遠有操不完的心，和解決不完的問題。為了妹妹的成長遲緩和學習障礙，我不知道在夢中跳樓了多少次；為了哥哥們的叛逆，我經常淚濕枕頭，恨不得把孩子塞回肚子裡去。有時覺得人生苦到不能再苦時就安慰自己：誰的人生沒有幾個坎？走不過去，就爬過去。沒有哪個坎，可以難得倒身經百戰的媽媽。

當媽媽二十年，我最大的體悟是：如果連自己都不愛自己，沒有人會愛妳；

6

如果連我們都不心疼自己，沒有人會感謝妳。如果妳沒有在心中懷抱一點自己的夢想，等到孩子遠離身邊時，不知道生活還剩下什麼。我很想和所有正在努力奮戰的媽媽們說：「妳已經盡力了！不如就放輕鬆，好好愛自己吧！」

敬每一位和我一樣，曾被孩子傷透心，卻仍然努力成就孩子、傻不隆冬的媽媽們。

7

目錄

Chapter 2　青春這堂課

Chapter 1

別說教，只陪伴

青春不是病，
叛逆起來要人命

兒子小的時候，我看姊姊教養青春期孩子時有很多意見，為什麼要事事順著孩子？為什麼不能規定他去做該做的事？為什麼要問他吃什麼？不吃就讓他餓肚子呀！

直到我自己也成了兩個青春期孩子的媽媽，我才發現，不是媽媽不教，而是孩子根本就不聽，甚至會唱反調，「你越是要我這樣，我就偏不要！」尤其兒子國中時身高長到一百八十公分，如果打起來，我穩輸的呀！此時，旁人的質疑眼光和意見、學校老師打來的電話、孩子叛逆的態度，都成了很大的壓力，感覺自

14

己是一個失敗的媽媽。

孩子到了青春期，往往很有自己的想法，急著想要轉大人，脫離權威的管理，來證明自己長大了，親子之間就會有很多的衝突產生。

面對兩個青春爆炸期的兒子，我常常會陷入思考：「我在這個年紀的時候，對權威有什麼想法？對未來有期望嗎？」我自己高中時沒有太強烈的反叛心理，但是妹妹很叛逆，我媽媽當時是怎麼處理的呢？

哥哥高二時對假日要去學校自習非常反感，星期六早上七點是應該出門的時間，我都已經整裝好等著送他上學，他卻怎樣都不願出門，不管是動之以情、勸之以理，或是對他發脾氣都沒有用，不去就是不去。這樣一來，不僅給老師帶來困擾，也影響到班上其他同學。

我覺得既然是他自己選擇了這間以管理嚴格出名的學校，就該盡力去遵守校規，但他覺得假日就是自己的時間，為什麼還要去上學？因為這件事，他甚至不

惜和我翻臉，高大壯碩的他在我的面前揮舞拳頭，還對著我大吼，差點就一拳打在我臉上！

一開始我實在無法接受孩子這種暴戾的行為，不過冷靜之後想想，或許他內心感到焦慮，不知道該怎麼辦才好，但又不願意妥協，只能把怒氣一股腦地發洩在最親近的家人身上。

為了假日自習抗爭，哥哥幾乎惹怒了所有人，根本沒有心思讀書，成績也一落千丈。

當下，我想到的不是解決他，而是替他「解套」。我自己高中時假日都在打工，所以向孩子提議：「你就把假日自習當作是去打工，你坐在教室裡好好上課，我給你工讀費。」

看到我給了他一個台階下，哥哥答應去上學，我和老師都鬆了一口氣，終於不用再為這件事煩惱了。

16

哥哥情緒穩定下來以後，開始把心思投注在課業上，努力達到給自己設定的標準。

我在臉書提到孩子的狀況，有人說讀書是做學生的本分，怎麼能用錢來鼓勵？怎麼可以寵壞孩子？但我覺得，**每一個孩子的狀況都不一樣，不管是脾氣、想法、成長背景，沒有任何一套方法可以完全套用在孩子身上。**

回想起來，自己陪著兒子歷經球隊十年磨練、退隊、休學、重新入學、拒學到考上大學的歷程，真的是一本血淚史。哥哥上了大學之後，像是告別青春期的終點，從一個脾氣火爆的叛逆少年，變回溫和又善解人意的大男孩。

平常住校的哥哥每隔兩個星期會回家一次，上週六我跑了兩場校園演講，回到家裡都已經晚上九點了。我洗好澡正準備要上床睡覺時，哥哥走進我的房間，想跟我聊兩句，看我有點咳嗽，他出去後，過沒多久拿了一杯水進來，問我：「我們家現在都沒有熱水瓶了？」

我說：「對呀！收起來好久了！」

他說：「這樣用熱水不太方便！」

我問他：「你想喝熱水嗎？」

他說：「不是，是想倒熱水給妳喝，喝溫的應該會比較舒服。」

哇！竟然這麼貼心哪！會察覺到我的需要，用行動表示對我的關心。卸除掉青春期的防衛，他就是個貼心的小暖男呀！我們母子之間終於可以好好說話，

我是不是苦盡甘來了！哈！

當孩子不聽話時，做父母的不要感到灰心，

也不要輕言放棄，多站在孩子的角度想想，

那些莫名的怨氣和堅持背後，究竟隱藏了什麼？

或許就能更理解孩子一些。

最重要的是，讓孩子知道，

即使全世界都放棄他了，做媽媽的也沒有放棄。

與青春期的孩子和平共處，相愛不相殺

好多媽媽私訊問我，要怎樣跟難搞的青春期孩子相處？

其實我真的沒有什麼好方法。當老師二十多年，我也是第一次當高中生的媽媽，有時候根本搞不清楚青春期的孩子在想什麼？我只是一個求生欲滿滿的媽媽，抱持著想要和孩子和平共處的念頭，希望日子過得平靜又開心。

回想哥哥高中最叛逆的時候，說出來的話每一句都直接往我的心裡刺，才說他兩句，三字經就飆出來了。

我很怕他在學校跟老師起衝突、動手打老師，很怕接到學校打來的電話，擔

心會上報。我也很不喜歡跟他一起看新聞，發現他對新聞裡報導的意外事件沒有任何同理心，我心裡只有一個念頭：他會好嗎？到底是哪裡出了問題？

從小我就教育孩子要心懷善念，以身作則，帶著他們送食物、衣服去孤兒院，送鞋子、外套去安置機構，送鍋碗食物給孤苦的阿嬤，努力照顧弱勢族群。尤其哥哥陪著我做最多。但是到了高中，他非但沒有跟我一起做善事，還對這個社會有這麼大的敵意，我該怎麼辦才好？

在哥哥高中最低潮的那兩年，我沒有跟他硬碰硬，也幾乎沒有跟他正面起衝突。當他說出殘忍的話時，我不接話，也不反駁，我知道他需要一個出口去發洩心中的怒氣。

有時候我覺得他是故意挑釁，希望把我惹怒後，他就可以發飆，但是我沒有。在那個當下跟他講任何道理，他應該都聽不進去吧！在他發脾氣時不跟他起衝突，他就會像是拳頭打在棉花上一樣使不上力。

但是我會找機會跟他聊聊內心的感受：「你這樣說話，讓我很傷心耶！」然

後輕描淡寫地說自己最近在做的好事：那個孩子的媽媽過世了，我和網友一起

捐錢，讓孩子可以處理媽媽的後事；那個家裡只剩下阿嬤和孫子，我們載米過去

給他們；這次業配有 X 萬元，我們捐給那個學校的資源班增添設備……

當孩子情緒起舞時，我會耐心聆聽他的抱怨，當下不給予意見，也不隨著他

的情緒起舞，等到他的心情漸漸平復下來時，再跟他好好談談。

不管哥哥的態度多麼冷漠、尖銳，高中三年，我每天早上一定幫他準備早

餐，清晨五點四十分送他出門上學，叮嚀他天氣冷要注意保暖，用溫柔和耐心接

住孩子的徬徨和不安，希望用不打不罵的方式，陪伴他安然度過青春狂暴期。

面對血氣方剛的青少年，硬碰硬只會讓他的戰鬥欲更強大而已。我努力找出

與孩子磨合的生存之道，不斷地調整再調整，終於找到彼此和平共處的模式。

那天哥哥跟我說，天氣好熱，他走出社區吃午餐時看到外哨的警衛坐在警衛亭

22

裡值勤很辛苦，所以回來時順便帶了一瓶冰綠茶給警衛。前兩天送他去高鐵搭車回學校時，他才一下車就打電話向我報平安，還跟我約定兩個禮拜以後再回來看我。

我想，孩子的心裡平靜了，父母的愛就看見了，埋在深處的同理心也冒出來了吧！在這個過程中，我不覺得辛苦，只是半白了頭髮。

好多朋友都跟我說這時期的孩子像暴龍一樣，超難帶的。有的孩子在家裡明明好好的，可是到了學校就變了個人似的。我只能說，孩子是自己的，我們一定要接受他、愛他、包容他，用他可以接受的方式去陪伴他。

青春期孩子需要的，是陪伴，是理解，是關心。 也許學校裡的老師和環境，我們沒辦法選擇，至少在家裡，要讓孩子覺得自己是被重視、被關愛的。

想想，我們自己也曾經有一段自以為是的青春歲月。不妨試著用對待大人的方式，跟青春期的孩子相處，如果硬是用權威來壓制孩子，雖然他們的身體留在家裡，可是心早已迫不及待地飛出去了。

我不是個很懂教育的媽媽，

對青春期的孩子經常感到手足無措。

而我能做的，只是在他徬徨的時候不添亂；

在他憤怒的時候不添火；

在他遇到人生的轉折時陪在他身邊；

在他難過的時候，讓他安心地待在家裡就好。

掌握「抓大放小」原則，
青春期父母不崩潰

青春期的兒子們說話常常帶刺、尖酸刻薄，我身為一個小學老師，聽了真的很痛苦。

有一次我問哥哥：「為什麼講話必須這樣？」

他說：「事實就是這樣呀！我有講錯嗎？他就是錯了，我不能講嗎？天呀！弟弟犯了一點小錯，他為什麼需要這麼生氣？事情有這麼嚴重？有時我真的不懂，明明前一秒他們還很開心的聊天，後一秒好像就快打起來了？

哥哥霸氣又好勝，弟弟依賴心重又隨興，這兩兄弟個性差了十萬八千里，睡

在同一個房間裡，幾乎每天都在鬥嘴。當媽媽的我生氣又無奈呀！結果，我正覺得傷腦筋時，兩人卻又像沒事一樣，一邊看電視影集，一邊批評編劇無腦。

從小到大，我們對孩子的言行舉止非常在意，尤其是工程師特別在意孩子的品行，只要有不好的行為或言論，我們一定立刻提醒他們要改正。沒想到，一進入青春期，這些努力全都毀於一旦。

兩個兒子從小學開始就在球隊裡受到高壓管理，進入國高中以後，壓抑的情緒更是瞬間爆發，看什麼事情都不順眼，還會用教練對待他們的錯誤示範來辱罵別人，只要表現不好的都稱為「廢物」。用「憤世嫉俗」還不足以形容他們的行為，彷彿那些招惹到他們的人，就該從這個地球上消失似的。

在他們眼中，什麼事情都無所謂、什麼事情都沒意義，讓我覺得很憂心，又拿他們沒辦法。

平常我和妹妹八點多就上床睡覺，但我常不知道兩個精力旺盛的青春期兒子

到底幾點睡。我很納悶，隔天早上總是叫不起床的孩子，為什麼不早一點睡呢？

他們上了一整天的課，難道不會累？

每當我希望他們能把心思放在課業上又勸不動的時候，都會回想起高中時的自己。

雖然媽媽再三交代，大學以後才能交男朋友，但是每天只要一放學，工程師就會到校門口接我，帶著我去兜風、散心。現在想想，才高二的我哪有什麼壓力需要散心？那時候的成績簡直爛到底，根本不想讀書，還跟媽媽說，「為什麼每個人都要讀大學？沒有讀大學不能活嗎？」

記憶中，媽媽從來沒有跟我大聲說話過，只是提醒我交朋友要注意安全。高中聯考落榜後，我說要去體育用品店工作時，她也沒多說什麼。

開始工作之後我才發現，每天從早上十點站到晚上十點有多累！店員時薪只有幾十元，不但要打掃、鋪貨、包鞋子，還得忍受來試穿鞋子的大學生們有意

無意的奚落。如果一不小心，店裡的東西被偷了就得被扣錢，一個月工作下來，只領到幾千元而已。

我深刻體會到，原來一切真的像媽媽說的那樣辛苦。但是沒有親身嘗試過，怎麼會心甘情願地回到校園，好好讀書呢？

當時我還收到婆婆寫來的信，希望我不要耽誤工程師讀書。看到那封信時我好傷心，原來我的存在影響了工程師的前途。

此外，工程師的同學也常常嘲笑我這個考不上大學的高中畢業生，讓我覺得自己配不上念國立大學的他。於是我毅然決然地到台北補習，考上師院，最後當上了老師。

我很少看教養書，因為很多教養書都讓我有種強烈的挫折感；我最怕看到教養專家說，教出火山孩子就是不負責任、教育失敗，是零分家長。事實上，沒有人能夠成為一個完美的父母。我們都曾經走過青春期，我也叛逆過，在年輕時感

28

到迷惘和失落，找不到未來的方向和目標。究竟要用什麼心態去面對孩子的青春狂飆期呢？

青春期的孩子正處於半大不小、即將轉大人的年紀，他們的行為和言語經常讓人抓狂，此時做父母的不妨掌握「抓大放小」原則，適時地裝聾作啞，忽略一些小細節。要是你的嘮叨，他們真的聽不下去，也就別說了！請把碎碎念吞下肚，只留下愛和關心。

願我們都能有足夠的心臟和智慧，去面對這群隨時會火山噴發的孩子。

青春期的孩子正處於半大不小、

即將轉大人的年紀，

他們的行為和言語經常讓人抓狂，

此時做父母的不妨掌握「抓大放小」原則，

適時地裝聾作啞，忽略一些小細節。

廚房裡的教育家，
以身作則的溫柔教養

我媽媽國小畢業後因為要幫忙家裡種田，沒辦法繼續升學，一直是她人生中的遺憾。

二十年前，已經五十幾歲的媽媽，終於排除萬難去上國中夜補校，但是爸爸很不能諒解，兩人之間起了很大的衝突。

由於當時家裡還負背著幾百萬元貸款，媽媽必須一邊念書，一邊幫忙照顧貨運行的生意。所以，她每天早上五點起床洗衣服、煮早餐，處理完家事後，就開始辛勤地工作。到了傍晚，煮好晚餐又匆匆趕去學校上課，回到家都已經晚上十

點了，仍然繼續坐在工作桌前寫作業。

媽媽每天忙進忙出的、沒有喘息的時間，最後卻以第一名的成績畢業；到了六十歲時，她又再接再厲，完成了空中大學的學業，實在令人佩服。

從我有記憶起，媽媽就是個大忙人，要搶到跟她相處的時間，真的很難！我的三個姊姊都是前段班學生，平時忙於課業，通常很晚才會回到家。而我每天放學回家後，就會到廚房裡陪媽媽煮飯，看看有什麼需要幫忙的地方。

我們家開貨運行，晚餐時間剛好是業務最繁忙的時候，不斷有司機和貨主打電話進來詢問事情，或是抱怨貨物又出了什麼狀況。媽媽常會趁著工作空檔洗菜、切菜，然後一聽到電話鈴聲響起又趕緊衝到客廳，解決各種疑難雜症。此時，廚房裡的工作就由我接手，我負責顧著爐子，等她回到廚房後，繼續把菜炒完。

這麼多年過去了，只要一回憶起童年，我就會想到那個在家務和工作中來回奔波的媽媽，她來去匆匆的身影。

32

我曾經問過工程師，想到婆婆第一個最深的記憶是什麼？他說小時候公公曾經被外派到沙烏地阿拉伯工作了很長一段時間，所以婆婆必須一個人照顧五個年幼的孩子，還要幫忙做磨石子地的親戚，當他的副手。

想到婆婆身高不到一百五十公分的身軀扛著砂石、做粗工的身影，就讓我心生不忍。

我很好奇，究竟兒子們眼中的媽媽，會是什麼模樣呢？

哥哥說：「妳總是在廚房裡一副很忙碌的樣子。廚房裡超悶熱的，瓦斯爐上有三個鍋子同時在煮，妳一下子切肉、一下子炒菜，最後總是能夠變出一桌子的菜來。」

巧合的是，我們在心中留下的媽媽形象，都是既辛苦忙碌又狼狽的一面。

孩子總是看著父母的背影，學習他們為人處事的態度，在潛移默化之中，漸漸長大。 雖然媽媽沒有傲人的學歷，但在我心目中，她卻是最厲害的教育家。她

給了我們六個孩子很大的自由和空間，不管我們想做什麼，她都是盡全力支持。

如果我們六個孩子有一絲絲成就，或許都要歸功於媽媽溫柔而堅定的教養。

我很佩服媽媽的一點是，她不僅有超強意志力，面對六個脾氣倔強的孩子，仍然保持十足的耐性。像我妹妹沈慧蘭青春期時很叛逆，現在成為了賽車手，如果不是媽媽的包容和鼓勵，我想她可能不會有今天的發展。

我自己生養了三個孩子後，常常為了怎樣也學不會的妹妹和兩個叛逆的兒子傷透腦筋，到底媽媽有什麼厲害的法寶，可以收服六個孩子？我到現在都還沒參透呢！

34

孩子總是看著父母的背影，

學習他們為人處事的態度，

在潛移默化之中，漸漸長大。

把愛種在孩子心裡，
化解手足之爭

有時候我會收到一些家長傳來的私訊，說他們年幼的孩子常有脫序的行為，令人頭痛。我第一個反應通常是問：「他有弟弟、妹妹嗎？」結果八九不離十，家裡有了小小孩，大小孩就變了樣。

有一年剛開學，我請班上的孩子做一張自我介紹學習單，其中一個孩子寫著：「我最討厭弟弟，討厭死了！」這個平時個性溫和又可愛的孩子，強烈的反應，讓我嚇了一大跳：「你這麼不喜歡弟弟嗎？」

他說：「對呀！他把我媽媽搶走了，我好恨他！」

幾年前，我的班上有個男孩，平常在教室裡帥氣又風趣，但是每次媽媽提到他在家裡的行為，都讓我無法置信——已經念小學五年級的他，一定要媽媽陪著睡覺才行。當他們全家出遊時，他不願意和妹妹同桌吃飯，跟父母拍照時也硬是不讓妹妹入鏡。

有次去喝喜酒時，他看到媽媽跟妹妹說話，就在喜宴上大哭大鬧！平常只要提到妹妹，就是一臉憤恨的表情，一副對妹妹視若無睹的樣子，還曾經把妹妹從床上推下去，讓妹妹受傷。

手足之間的競爭和嫉妒，不只會造成生活上的糾紛，更會影響孩子的人格發展。但是，在一個家庭裡要維持手足之間的公平，真的太難了！每個孩子的特質不同，比較溫和乖巧的一方，通常較受到長輩的疼愛，表現差異較大的孩子，常會被拿來比較，「你為什麼不能像弟弟一樣主動、乖巧？」「姊姊都考前三名，你為什麼考這樣？」

有時我們想要激勵孩子，卻在無形中之中築起了一道對立的牆。而當父母特別關注某個孩子，忽略了其他孩子內心的感受時，儘管他們沒有明說父母偏心，卻把一切都看得清清楚楚。

那些頑皮叛逆、愛頂嘴的孩子受到大人的責難時，往往不會去思考，是本身的行為，造成別人對待自己的方式。他們覺得父母親只疼愛弟弟妹妹，怪罪大人偏心。事實上，對於做父母的人來說，手心手背都是肉，每個孩子都是寶。面對孩子的吵鬧不休、手足間的互相厭惡，有時真的是無可奈何，還要花很多時間來處理他們的抱怨和不滿。

兄弟姊妹之間爭吵是難免的，**在替孩子排解糾紛時，重視他們心裡的感受，比爭論是非對錯來得重要**。別分了對錯，卻失去了孩子的信任。

兩個兒子住校回家時，我都會固定接送他們，把握機會，在車上跟他們聊聊天，並且趁孩子在家時多關心他們，想辦法種一些愛在他們的心裡，讓他們知道

38

自己是被父母放在心上的寶貝。

我相信，只要孩子心裡的愛足夠，就不會計較得到的多寡。

我們家有六個孩子，很多人驚訝於我們兄弟姊妹的感情這麼好。妹妹小蘭多才多藝，經常得到各種獎項，其他三個姊姊的成績也很優異，有一個姊姊台大畢業、一個成大畢業，還有一位拿到 EMBA 學位。

在這麼多孩子之中，大概就屬我資質最平庸。但我不會因為自己成績不夠好而討厭姊妹們，我以她們的表現為榮；弟弟是我們家唯一的男生，個性溫和又乖巧，我超疼愛他的。

我們兄弟姊妹之間從來不會互相比較、嫉妒，這是因為媽媽把每個孩子都當作獨立的個體，從來不會拿任何一個孩子的表現來刺激或貶低其他孩子。她會讚賞每個孩子的優點，讓他們為自己的表現感到驕傲；當我重考考上花蓮師範學院時，她欣喜若狂，因為她知道我已經盡了全力，努力做到最好。

感謝媽媽給了我四個超讚的姊妹和一個弟弟，讓我在成長路上不會感到孤單，也不用一個人單打獨鬥。當我在人生路上狠狠跌了一大跤，在工作職場中受到重挫，跟用心對待十幾年的朋友斷然絕交時，我知道真正能夠信任的、在困頓時能夠不顧一切伸出援手的，只有家人。手足就是我最大的資產！

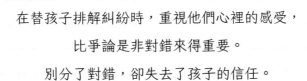

在替孩子排解糾紛時，重視他們心裡的感受，

比爭論是非對錯來得重要。

別分了對錯，卻失去了孩子的信任。

轉個彎，
是為了找到更適合的道路

兩個兒子從小就喜愛打羽球，他們從球技的進步和大大小小的比賽中，得到了很大的成就感。談到羽球，眼睛裡滿滿都是閃耀的光芒。

進入體育班後，他們每天早上五點半出門上學，晚上八點多才回到家，假日還要去球場報到，就連過年也只休三天假，就得回學校繼續練球。這樣的生活整整持續了十年，成為日常。

我自己學生時代曾經是桌球校隊，在球場上苦練了八年，經常打球打到手破皮變形，膝蓋受傷，所以我知道身為體育選手的辛苦，以及每一次比賽，是用多

少時間和心力換來的。在台灣，培養一個運動員要花不少錢，除了球拍、球鞋、球衣、隊費等固定開銷之外，假日和放學後的個別練習必須自己付費，一個小時一千元，都是我和工程師工作辛苦賺來的。

上了國中之後，哥哥遇到人生黑暗期，被教練冷凍、忽視，甚至一靠近就叫他滾開！這對一個十幾歲的孩子來說是非常大的傷害。

那位嚴厲的教練在球隊裡動輒打罵學生，當孩子表現不好時，在烈日下罰跑操場、賞巴掌、用球拍打、用腳踹他們、怒罵三字經，都是常有的事。哥哥對於教練嚴厲的處罰感到憤恨，也因為不服從管教而被冷凍，暫時不能上場打球。

當哥哥國三時成績一落千丈，說不想讀書了、想要休學，甚至問我：「存在的意義是什麼？」時，我看著孩子從原本外向、活潑的個性，變得厭世、孤僻，眼中的光芒一點一滴的消逝，感到非常焦慮。

一開始，我跟很多望子成龍的父母親一樣，把好好讀書放在管教孩子的第一

順位，希望他們能夠靠著打球進入好的大學。當孩子在學校都快待不下去，才十

幾歲的年紀就想放棄學習時，逼迫我不得不去思考孩子面臨的艱難處境。

哥哥因為坐冷板凳沒有比賽成績，但他憑藉著對羽球的熱情，還是以甄試考

上一所公立高中的體育班。這間學校的教練非常專業又有耐心，我心想，兒子終

於可以好好打球了。

很不幸地，這次又遇到了每天一進教室就辱罵學生、給他們取綽號，放任班

上同學霸凌其他孩子的導師。

在高一快結束的五月，哥哥突然告訴我，他想離開球隊。長期運動傷害不

僅讓他頻繁就醫，想到要在老師的辱罵下度過兩年，內心更是感到絕望。他說，

和他一起住校的同學經常打手遊打到天亮，加上被教練嚴格的訓練操到爆，所以

上課時大家幾乎都在睡覺，老師站在台上無力教，坐在台下的他們也無心聽。

結果，國中以第二名畢業的他，高一的成績竟然沒有一個科目及格。

44

有一天，他問我：「如果運動傷害更嚴重，有一天不能打球時，我能做什麼？」

他不知道兩年後自己會變成什麼樣子，也不知道這一年來，自己到底在做什麼，每天都過得渾渾噩噩的。

我聽了很心痛，下定決心幫他做出改變，脫離眼前的困境。

我告訴他，如果不繼續打球的話，不如轉學。

他同意了。

我開始幫他找尋下一所落腳的學校，但是以他一整年沒有好好讀書的成績，進入普通高中很難。最後，我問到了一所私立高職，可以用前一年的會考成績申請入學，但是要從高一讀起。

休學後，從六月到九月開學，他把自己關在房間裡整整三個月。除了吃飯之外，沒有離開房間一步，也不跟任何人聯絡。當時的他滿腦子都是負面思想，

一說話就像是要跟人幹架似的，猶如一顆不定時炸彈。

那段時期，我曾經焦慮到求救心理醫師。我問醫師：「我的小孩會變好嗎？

他會回到正常的狀態嗎？」我好怕他就此對人性失望。

還好，開學後哥哥最終願意踏出家門去上學。

身為媽媽的我沒能替他做些什麼，只能在他抱怨時聽他訴苦，每天早上幫他準備早餐，送他出門上學時，在車上跟他聊上兩句。

進入高職後，原本每天二十四小時跟手機相伴的哥哥，一進學校就得交出手機。我很擔心到了新的環境，他又會跟老師產生衝突，每天都過得戰戰兢兢的，深怕接到老師打來的電話。

哥哥從小一就開始打球，長期就讀體育班，很多課都沒有好好上過，學業能力很差；尤其是作文，這麼多年下來，幾乎沒有寫過。第一次寫作文時他很焦慮，覺得自己寫不出那麼多文字來，沒想到交出去後，竟然受到老師的鼓勵。

46

大概是獲得正增強回饋起了作用，他開始在意起自己的成績。我們約定好，每個星期的週考只要達到一定的成績門檻，我就會發獎學金給他，藉此鼓勵他不要放棄，繼續再接再厲。

進入高三後，每天在學校都得上全天的課，哥哥告訴我：「真的要認真上課才行，否則跟同學聊天的話題只有遊戲。」「有上課才能跟前幾名的同學討論功課，遇到不會的題目，問同學時才不會被嫌棄。」「要維持前幾名才能考上國立大學。」……這些話出自他的口中，讓我很驚訝。哥哥從沒有一個科目及格，到在意自己的學習表現，對於自己的未來有了期待和目標，最後順利考上大學，真的是很大的轉變。

我很感謝耐心陪伴他走過這三年的導師，謝謝他願意花時間跟兒子建立信任關係，穩住他的情緒，讓這個原本憤世嫉俗、幾乎就要放棄自己的孩子，重新拾回了自信心。

現在回想那段不堪回首的過程，雖然艱辛，慶幸的是，我們撐過來了！

記得當時有位同事問我：「讓兒子放棄努力了很久的羽球，不是很可惜嗎？」

我說不會，羽球是他一輩子的興趣。我們不是放棄，離開也不是因為承認失敗。孩子能夠有另一個人生選擇，是多麼值得高興的事。

有時候，轉個彎，

只是為了找到真正適合孩子的道路。

從哪裡起步都不嫌晚，我相信這個世界很大，

總會有適合孩子的路可以走，

一定能夠走出自己的一片天。

走出低谷，
找到重新出發的舞台

那天應邀到基隆武崙國中參訪，幾年前帶著兒子轉學入武崙國中的畫面，又在腦海中出現，彷彿歷歷在目。

弟弟就讀前一所學校體育班時因為受傷不能練球，每天都得承受教練的辱罵，「不能打球就滾回基隆去！」「廢物」「垃圾」……同學有樣學樣，用魯蛇、廢物等字眼來羞辱他。此外他的功課慘不忍睹，我每天都接到導師傳來告狀的LINE訊息，像是訂正作業沒交被記警告，卻從來沒有跟我提過他在教室的處境。

看著他每天拖拖拉拉不願意出門上學的樣子，他痛苦，我也好痛苦。

50

那段時間弟弟跟我說話時，他的身體都會左右晃動、眼神飄移不定，慣用的左手被自己剝到流湯流血，講不到三句話就開始暴怒。

遇到這種情況，也許很多人會說，那就轉學啊！但他打了八年的球，再過幾個月就升國三，我們能有什麼選擇嗎？只能增加帶他去看醫師的次數，希望讓他有機會重新上場練球，就不會被教練嫌棄了！

有天上英文課時，他被點名起來回答問題，同學一直在旁邊鼓譟著罵他廢物、魯蛇……，他忍耐不下去，就衝出了教室……後來學務主任通知我這件事時提到，孩子告訴主任，當時他很想從三樓跳下去。

接到電話時，我的心都涼了。那一刻，其他事情已不重要，我只想要自己的孩子活下去。所以，我沒有半點遲疑，直接替弟弟辦了轉學手續。

當我毅然決然地帶著弟弟回到基隆，就近找了武崙國中想要轉入。坐在辦公室裡等導師面談時，我看到好多孩子進進出出，跟老師們討論著作業、談笑著，

整間辦公室充滿了笑聲，看不到前一所學校老師訓話時，孩子得蹲在地上聽的畫面，也沒有一整排罰站寫功課的孩子。

導師面談時表情很嚴肅，她看完弟弟的資料，告訴我：「這個班級是要讀書的，孩子打了八年的球，他只會打球，要不要再找一個有球隊的學校念？」我很明確地告訴導師，「我們不會回球隊去。」

結果導師告訴我：「那我們一起來替孩子找到另一個舞台。」

我聽了當場淚流滿面。

在前一個學校，誰在乎這個孩子能不能活下去？誰在乎他有沒有舞台？

弟弟在體育班裡花了很多時間練球、比賽，課業基礎極差，回到普通班後，適應和銜接上非常辛苦。他的導師很嚴格，很在意班上的讀書風氣，努力培養學生閱讀的習慣，緊盯著每個學生的作業和上課態度。

雖然班級嚴謹，但沒有人用酸言酸語去調侃弟弟，全班同學都很在意成績，

也沒有人嫌棄他，還有一位女同學告訴他：「你不會的可以來問我喔！」

外賓來訪時，老師安排他擔任接待的工作；知道弟弟喜歡畫畫，把布置教室的工作交給他。

弟弟從小就愛讀歷史故事，所有科目裡歷史成績最好，歷史老師在上課時請他跟大家分享讀歷史的祕訣；數學老師看到他極差的分數，鼓勵他只要期中考及格，就請全班吃麥當勞。還有一位老師知道弟弟喜歡積木，只要碰到他時就會跟他分享組裝鋼彈和積木的趣事；導師約談他討論升學規劃時，鼓勵他報考廣告設計科……在這個班級裡，每位老師和同學都用友善的態度包容這個重新出發的孩子。

有一天，我發現他說話時身體不再搖晃，問他為什麼？

他很尷尬地說，有個同學看到他講話時會不自覺地搖晃，問他：「你在跳探戈嗎？」他才驚覺到自己有這種自然反應，從此改掉這個習慣。

我每天接送他上學，聽他笑著說起在學校跟同學的互動，跟轉學前才說兩句話就暴怒，簡直判若兩人。

受創的記憶會留在內心深處，不會像風一樣消失。我想那段受傷的往事一定還留在弟弟的心裡。幸好，新學校中的老師和同學的友善，消除了他對人的戒心；在畫畫上得到的成就感，也蓋過了被貶低、差辱的過去。

還記得辦完轉學手續那天，台北剛好有個鋼彈展，我帶弟弟去逛展覽，還買了限量的鋼彈給他，跟他說：「慶祝你的人生重新開始。」

趁著他的心情平復下來，我跟他聊起那些霸凌他的同學：「他們真的都很討厭你嗎？」

弟弟說應該沒有，就是幾個人帶頭起鬨，旁邊的人跟著哈哈大笑，有些人只是站在旁邊，不敢說話。

「他們罵的都是平常教練在球場上罵的話呀！所以，他們大概不覺得有什麼

不對吧？」

我跟弟弟說：「離開球隊後，我們一輩子不會再遇到這個教練，不會再遇到這些同學，在一個新的班級重新開始。你覺得自己有沒有需要改進的地方？」

他說：「我覺得我說話的方式要改變，因為他們罵我，所以我說話也很衝。之前我每天都覺得很痛苦，不想上學，也不想交作業。以後作業都要交，該訂正的訂正，就不會一直被老師罵。」

能夠有個重新開始的機會，真的很幸運。孩子在一個環境走不下去時，跟他一起找出問題，陪他在新的環境中重新開始。

受創的記憶會留在內心深處，
不會像風一樣消失。

改變不了他人，
就改變環境

很多人覺得現在的孩子是草莓族，抗壓性很差，但是他們所承受的壓力也比我們年輕時要大。不僅是在學校被排擠覺得受傷，網路上的言語霸凌、班級群組裡的謾罵和羞辱，都可能是壓垮他們的導火線。

哥哥高一的時候，也遇到過喜歡罵學生的導師。有次他的週記沒交，老師竟然當眾說沒錢買週記的話，就請媽媽來學校申請低收補助，還替哥哥取了一個難聽的綽號，趁哥哥不在教室時說給全班同學聽。

有這樣的導師，自然班上就有人言語霸凌，娘炮、孬種……什麼難聽的字眼

都可以從他們口中聽到。

我在群組裡跟老師溝通無效，於是當面到學校去找老師，「我來申請低收補助，請問是要跟您申請，還是找校長申請？」

老師說只是玩笑話而已，但我嚴肅地告訴他：「玩笑不是這樣開的，還好我們不是低收，不然你叫孩子怎麼活？孩子不爛，被你說了一整年，原本不爛也爛了！」

這個情況一直沒有改善，孩子住校又跟同學朝夕相處，摩擦和衝突更是不斷發生，也影響了他的學習和身心狀況。

當時我找了輔導老師幫忙開導哥哥，沒想到輔導老師竟然跑到球隊，跟哥哥說：「你媽要我來找你⋯⋯」讓他在同學面前既尷尬又難堪，對我也很不諒解。

最後我找到了校長，校長一點也不驚訝地說：「那老師就是任性。」

什麼！等一個五十幾歲的老師長大，我想我都老了！

那是一個完全走鐘的環境，有什麼好留戀的！雖然靠體育生甄選就可以上大學，但孩子都快活不下去了，就算前途再光明也走不到終點，有什麼用。

我想，把兩個孩子從體育班轉出，應該是我人生中最明智的決定。

很多家長擔心跟老師反應後，孩子的狀況會更糟。我只問一句：「現在還不夠糟嗎？」

霸凌很有針對性，同一個環境裡，每個人的遭遇和被對待的方式不一樣。當孩子被霸凌時，一定要跟老師反應，有時候不是老師不處理，而是霸凌在檯面下發生，老師沒能及時發現。但是，如果連老師都是一副事不關己、無能為力的樣子，面對孩子的困境兩手一攤，甚至本身就是帶頭霸凌者時，請做父母的挺身而出。

我們改變不了學校和老師，那麼，就改變環境！錯過了青春期這個階段，很多事情就回不去了。

前幾天看到孩子因為被同學霸凌跳樓自殺的新聞，心裡很不捨。有位媽媽跟我說自己的孩子被同學霸凌後，性情大變，成績一落千丈，甚至有輕生的念頭。

受到霸凌的孩子，不知道那些惡意會持續到什麼時候，也不知道在滿是批評和羞辱的環境中，自己還有沒有價值？很容易鑽牛角尖，甚至想不開。

當孩子已經開始出現身心症狀、情緒不穩、無法專心念書的情況時，絕對不能坐以待斃。

遇到孩子被霸凌時，離開壓力源是最好的方法，千萬不要在孩子覺得痛苦時還責怪他：「為什麼大家只針對你？」當孩子受到冷落時，也不要批判孩子，跟他們討論和同學在相處上遇到的困難，主動跟學校老師聯絡，讓那些惡意的對待可以停止下來。

我不是直升機媽媽，但是孩子遇到問題時，一定會努力捍衛孩子的尊嚴和權利，讓老師知道，您可以教育他，但是請不要羞辱他。

60

錯過了青春期這個階段，
很多事情就回不去了。

不管孩子的選擇是什麼，尊重他們的決定

弟弟讀高職時，有次我載他去上畫畫課，在車上，他突然跟我說：「考大學的時候，我想換個科系。」

我問他為什麼？他說：「學廣告設計真的很花錢，光是買顏料和畫布、學費就花了你們很多錢。」

我問他：「你喜歡現在讀的科系嗎？」

他點點頭。

我告訴他，媽媽實在很羨慕他，高中的時候就知道自己喜歡什麼。我讀高中

的時候，每天的生活就是念書、考試，根本無法想像自己的未來是什麼樣子。

「其實我從小就想像你的大阿姨一樣當空姐，但是高中時騎車出車禍，讓我的膝蓋留下了嚴重的疤痕，只好放棄這個夢想。一個人能有自己的夢想，學習自己有興趣的事物，是很幸福的事。」我說。

他說：「我很喜歡畫畫呀！但是實在太花錢了。」

「我和爸爸的經濟能力還可以，只要你們想學的東西，我們都願意支持。**把錢花在學習上是最值得的投資**，如果你不想浪費錢的話，那就要用心去學。」

他說：「可是，我發現自己雖然能畫，卻不是班上畫得最好的。」

我說：「**第一名只有一個，哪有辦法每個人都是第一名？**你每個星期天要上六個小時畫畫課，我光是想就覺得累，但是看你畫得很開心，一定是很喜歡呀！不要擔心自己畫得不夠好，繼續畫下去，媽媽支持你！」

雖然弟弟的學科成績一直不是很好，讓我很操心，但是我從來沒有因為考不

好而責備過他。

選填大學志願時，我問弟弟大概會上哪個學校？

他有點難過地說：「考得不好，能選的學校不多。」

我說：「那就選你喜歡的吧。」

「可是，私立學校太貴了，我還是讀公立的吧！繳完我和哥哥的學費，這學期你們要破產了吧？」

我說：「有得選，就太幸運了！學校裡教的東西，以後出了社會再去學，要花好幾倍的學費，所以就算是私立的也很划算！」

一旁的工程師聽到我們的對話，問弟弟：「你有去了解想讀的科系了嗎？要修哪些科目？畢業以後是做什麼工作呢？」

他立刻上網找了弟弟可能會上的幾所學校科系資料，請他仔細研究。

「哇～原來這個系要修微積分，那個系要修工程數學⋯⋯我對數學沒興趣，

64

如果這些科目是必修，成績一定慘兮兮呀！」「哇～念完這個系，以後可以當動畫設計師耶！」

弟弟很喜歡動畫，是個鋼彈迷。他會把零用錢拿去買日本的鋼彈雜誌，就算看不懂日文，還是可以跟著書裡教的方法，製作出有趣又有創意的模型，經常一個人在房間裡玩得不亦樂乎。

最後，弟弟在志願卡上填了一百個志願。

放榜那天，我在蘇花公路上開著車，準備去花蓮演講，接到他打來的電話：

「媽，我考上公立學校了！」

「哈！填了一百個志願，電腦選了這個，那就注定你應該去讀這個學校啊！」

「我再上網找找看，有沒有和設計相關的課，再去選修。」他在電話那頭繼續興奮地說。

我一直相信，讓孩子選擇他有興趣的、想學的科系，為自己的選擇負責才是正確的作法。如果孩子按照父母的期望選擇就讀的科系，以後遇到困難和瓶頸，就會覺得都是父母害的，是他們替自己選擇了一條不喜歡的道路，更沒有學習的動力。

哥哥考大學時，他的統測成績還不錯，其實我很希望他可以讀科技大學電機系，畢業後跟工程師一樣在園區工作。可是他自己選擇了彰師大，我並沒有阻止，只是告訴他：「不管你選哪個科系，我都尊重你的選擇。但你可以想想看，未來的出路，是不是真的是你喜歡的？」

我從來不跟孩子說不可以，而是告訴他們：「如果你現在覺得讀書很辛苦，每天都早出晚歸的，連假日都要去學校自習，當然要選一個自己真正喜歡的學校和科系才划算呀！你念的學校和科系與將來從事的職業有關，也會連帶影響你的未來和生活，是不是更要好好地想清楚呢？做了決定之後，就要為自己的選擇負

66

責任喔！」

哥哥在高一的時候，一度想要休學去打電競。當下，我沒有制止他；相反地，我替他報名了與電競相關的講座，還請曾經是電競國手、電競主播和說書人的弟弟 vocal 跟他聊聊，像是電競選手的培訓內容、退役後的發展，以及當電競主播該具備的能力，希望讓他了解，看似風光的遊戲產業也有現實的一面。

他跟舅舅談完回來後，我問他：「舅舅說了什麼？」

「舅舅說，如果我想當電競選手，他要幫我做訓練耶！他還說如果想當電競主播，肚子裡要有料，要言之有物，別人才會聽你說話。當電競選手沒有學歷限制，但是當主播會有學歷的要求，所以舅舅要我把高中讀完，就算成績不好，至少每一科都低空飛過就好。」

拒學三天的他，竟然就這樣想通了！他依照跟舅舅的約定，隔天背起書包上學去。

過了幾個禮拜，看他沒有再提起這件事，我趁著聊天時主動追問，他說仔細想想，自己好像不適合當電競主播，覺得這個遊戲產業不如他所想像的美好，因此打退了堂鼓。

父母給孩子的建議是出自好意，希望孩子能夠少走一些自己走過的冤枉路；但是聽在叛逆的青少年耳裡，往往認為父母想要干涉自己的決定。為了捍衛自己的自主權，所以反其道而行。相對地，如果得到父母的尊重和支持，反而會冷靜下來思考，這真的是自己想要的結果嗎？

也許有人會問：如果萬一孩子選錯了呢？

安啦！人生不會事事順遂，就算一時選錯科系、工作，人生也不會因此就毀了。

68

如果孩子按照父母的期望選擇就讀的科系，

以後遇到困難和瓶頸，

就會覺得都是父母害的，

是他們替自己選擇了一條不喜歡的道路，

更沒有學習的動力。

學會放手，
是父母的人生課題

哥哥去大學報到的前幾天，我就一直在心裡盤算著他會用到哪些東西，巴不得把家裡的東西全部都打包，讓他帶去宿舍。

搬進宿舍那天，工程師請了一天假，一大早就載著哥哥和他的行李去彰化，還拍了宿舍照片給我看，環境似乎不錯，讓我放心了不少。

到了晚上九點多，哥哥傳來 LINE 訊息說，他忘了帶吹風機。我心想，哥哥沒有機車，學校宿舍和市區有段距離，要去哪裡買？要不要隔天下班後直接送一個去彰化給他？還是問他缺少什麼東西，我一起帶下去？越想越覺得自己真是誇

張，明明希望他離家後可以學會獨立，學會自己解決問題，卻又擔心這麼多！

好吧！雖然自己常說要當個甩手媽，心裡還是掛念著沒有出過遠門的孩子。

還好，最後我忍住了，孩子要是沒得用、沒得吃，自己就會想辦法了啦！

結果，哥哥剛搬進學校宿舍不久就遇到大颱風，那天晚上他傳來訊息：「宿舍都沒人耶！四人房變成套房了，真棒！」

我問他：「你一個人會不會覺得孤單？」

他說：「不會，一個人多好！」

工程師在旁邊問：「他要回來嗎？要就現在，不然明天下大雨。」

哥哥說：「有可能嗎？現在九點了。」

我把高鐵的班次用 LINE 傳給他，他竟然立刻收拾行李，坐上計程車，搭了晚上十點的高鐵回基隆。

在回程的車上，我問哥哥：「你想家、想我了吧？」

他說：「沒呀！反正是上網課，在家裡有妳煮飯，也不用自己洗衣服，還有五隻貓陪著吃飯多好！」

原來不是想念媽媽的好（淚）。

去年弟弟考上大學，也開始離家住校，兩個禮拜才回來一次。每次我從送他踏出家門的那一刻起，就忍不住惦記他。我想念他每天下樓時和我說早安和晚安，想念他只要看到我站在廚房，就會幫忙打開電風扇；我想念他替我做的鐵板麵的滋味⋯⋯

怎麼好像都只有做媽媽的會掛念，這個臭小孩都不會主動打電話回家呢？有次我們連續兩天沒通電話，我心想，要是他打來，一定不理他。結果第三天他打來了，只有一句：「媽，來接我！」

看來，平常再強悍的媽媽，遇到孩子就沒轍了啊！但是，**媽媽就是這麼矛盾的生物**，一方面希望孩子能夠獨立，另一方面又希望能夠看顧他們一輩子。

大一時哥哥住的是學校最新的宿舍，到了大二必須搬回舊宿舍，因此學長鼓勵他搬出去住。

我們當然希望他能住在學校，上課方便，也相對安全。但是哥哥不是一個容易聽勸的孩子。

他跟著學長去看了幾個地方，覺得某間房子很不錯，房租便宜，環境又乾淨。

我問他：「有對外窗戶嗎？是水泥隔間嗎？有沒有逃生路線……」

他說：「對耶！我怎麼沒注意到這些地方，我會找時間再去看一次。」

他說不在乎房間有沒有對外窗，反正他不愛開。

我告訴他：「還是要有對外窗戶才行，如果整層樓瓦斯外洩，連新鮮空氣都進不來。」

他說木板隔間沒關係，他不怕吵。

我告訴他：「如果遇到火災，木板隔間燒很快，水泥隔間比較安全。」

第二天他又去看了一次那間房子，果然發現如我所說的，立刻打消念頭，另行尋覓別的住處。

工程師問我，「要不要去幫兒子看房子？」

我反問他：「你念大學的時候，你的爸爸媽媽有去幫忙看房子嗎？我們只要把應該注意的地方告訴他，提醒他就好，讓孩子自己去衡量和做決定。住起來是好是壞，就是他自己要承擔的了。」

我從大一開始就在外面住，我們都是自己找房子，自己簽約做決定。光是大學四年，工程師就搬家了三次，我也搬了四次。

當時，家人根本不知道我住在什麼地方。每次搬家，我都是自己用機車一趟又一趟地來回搬運。遇到機車在半路上拋錨，我得推好遠才能找到機車行。

有次我和另一個同學合租一層樓，這間房子什麼都好，就是沒有洗衣機。同

74

學都把衣服帶到學校，在男朋友的宿舍裡洗。我無計可施，只好用家教賺來的錢買了一台二手洗衣機，這才解決了洗衣不便的問題。遇到租屋處燈管壞了、水管阻塞，我也得自己想辦法更換修理。

我的父母並不知道大學四年當中，我一個人在外面獨立生活，遇到過什麼問題。當時花蓮沒有7-11，買東西實在很不方便。每天傍晚，我會去黃昏市場買一條十元的紅目鰱、一把十元的青菜，每餐煮十顆冷凍水餃或白麵條，解決民生問題。

最可怕的一次經驗是，某天深夜我在租屋處接到一通變態打來的騷擾電話，說他知道我住哪裡，只要我把電話掛掉，就要來找我。還說他正用望遠鏡看著我的窗口，要我撫摸自己的身體給他看，嚇死我了！我哭著打電話給在成大念書的工程師，但是遠水救不了近火。

儘管當時生活中充滿各式各樣的挑戰，不知地高地厚的我，卻覺得好像什麼

事情都不難倒自己，碰到問題就是硬著頭皮去面對、解決它。

我們年輕的時候都是靠自己的努力去摸索，慢慢累積經驗。孩子也是一樣，要懂得適時放手，讓他們自己去迎接人生中的各種挑戰，勇於承擔後果，孩子才能從經驗中學習，獲得成長。但是，不僅孩子要學習長大獨立的人生課題，當媽媽的也要學會放手；否則，就只能永遠當孩子的免費司機、媽寶的媽。

我們年輕的時候都是靠自己的努力去摸索，

慢慢累積經驗。

孩子也是一樣，要懂得適時放手，

讓他們自己去迎接人生中的各種挑戰，

勇於承擔後果，

孩子才能從經驗中學習，獲得成長。

用對溝通方式，
拆除孩子的情緒地雷

有一次在簽書會上，有位媽媽說自己的兒子，一上了國中就變了個樣，超叛逆的！兒子在學校經常惹事生非，老師也不斷打電話、傳 LINE 給她，告知孩子在學校的狀況連連。而孩子回到家以後就像吃了炸藥一樣，口氣很衝，只要講他半句，不是擺臭臉，就是怒目相視，一副隨時準備跟她對槓的樣子。

還有不少媽媽私訊問我，她們的高中生孩子很難管教，讓她們十分煩惱，要如何減少親子之間的衝突呢？

那位讀者口中描述的孩子陰陽怪氣的情況，其實就是兒子國中時的寫照。

這對於第一次當青春期孩子媽媽的我來說，真的是一場震撼教育。原本在國小乖巧體貼的孩子，上了國中之後，突然變得好陌生；從他口中說出來的話負面又尖銳，讓我一時之間很難接受。

我一路看著孩子長大，了解他的本性並不壞。我平時對孩子們好，相信孩子都看在眼裡；所以，當孩子的態度不佳、刻意頂撞父母時，我不會隨著他們的情緒起舞，而是「冷處理」，用一種溫和不衝突的方式，讓他知道，做父母的其實是在意的。

每天早上孩子出門上學前，我都會準備熱騰騰的早餐，站在家門口跟他們寒暄兩句，說聲再見。但是，只要孩子對我和工程師的態度不好、亂發脾氣，早餐就會是冷饅頭、麵包，能吃飽就好。所以看到餐桌上的食物，他們就知道媽媽不高興了！

哥哥跟我一模一樣，個性火爆又任性。他的本性善良，卻因為好勝不服輸，

在人際關係上遭受到很多挫折。我了解這種痛苦，因為我就是這樣走過來的。我自己的脾氣硬，又如何要求生出來的孩子個性溫順呢？

有一次，哥哥騎摩托車出去吃午餐，從餐廳出來後，看到自己的車子倒在地上，後照鏡破了，新買的後車箱也磨損了。回到家以後，他氣呼呼地打電話給我和工程師咆哮了一頓，並出口詛咒那個弄倒他車子的人。

當時我們正在前往雲林婆家的高速公路上，沒辦法立刻處理，只能聽他在電話中發牢騷。

哥哥對自己的東西一向非常愛惜，看到自己的愛車損壞，當然生氣。隔天他的氣消了，我在廚房裡煮飯，跟他聊到前一天的事情：「車子被弄倒弄壞，你一定很生氣吧？小蘭阿姨說，如果有人弄到她的車子，她會很生氣，也很想罵人！」

聽到這裡，他笑了。

我告訴他：「車子停在外面出事的狀況常常會有，弄倒的人可能是不小心的。你的車子很重，要是我弄倒了，也扶不起來呀！但是，問題不是我們造成的，你罵給我們聽，把氣出在我們身上，對事情沒有任何幫助。接到你的電話時，我第一個反應是你有沒有受傷？第二個反應是可以去哪裡換後照鏡？如果我是你，會拿出手機用 Google 查一下附近的機車行，哪間星期天有開？沒開的話，隔天可以去哪裡換？事情發生時，一定會有情緒，先想想處理的方法，再想辦法解決問題。」

當了小學老師之後，我跟數百個孩子的情緒交過手。當了三個孩子的媽媽後，我發現，青春期的孩子不是不能溝通，而是要找對時間和方法，避開他的情緒地雷。當他們聽得進人話的時候，談話才有意義。

當孩子出問題時，心情越是激動，越是要冷靜下來，與他們好好對話才行。

做父母的先穩住自己的情緒，更能處理孩子的情緒，也能讓孩子在情緒失控時懂

得慢下來，釐清自己的思緒。

孩子們習慣用最原始的方式表達內心感受，而大人應對孩子情緒的態度，往往也會影響到孩子處理情緒的方式。

當一個孩子被憤怒和恐懼的情緒籠罩，或是長期被否定和忽略時，很容易對照顧者失去信任和安全感，只能用更強烈的表現方式被看見。其實他們內心是渴望被接納的。接住孩子的情緒，才能找回彼此之間的信任感。練習從孩子的對話中解碼他的情緒，同理他的感受，我們就能成為孩子在遇到困難時，願意主動求助的那個人。

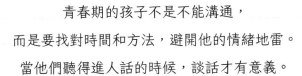

青春期的孩子不是不能溝通，

而是要找對時間和方法，避開他的情緒地雷。

當他們聽得進人話的時候，談話才有意義。

以關心取代碎念，才能與孩子有效對話

去年我到一所國中做親職講座，演講完後，有一位媽媽舉手發問，滔滔不絕。她除了一口氣問了我很多問題，還夾雜了好多情緒。

當她說到第四個問題時，我忍不住打斷地說：「媽媽，妳一下子講太多，我記不住呀！妳剛剛說的第一點是什麼呢？」

媽媽說，她雖然常常叨念孩子不聽話，但她其實也很想跟孩子好好溝通呀！但是孩子無法約束自己，對父母親的態度又差，有時嘴裡還會飆出三字經。

看到自己說的話，孩子一句也聽不進去，令她十分沮喪。

我問媽媽：「妳在跟孩子對話時，有沒有給孩子說話的機會呢？妳有靜下心來聽孩子說什麼嗎？像剛剛那樣，妳一口氣說了很多，急著想把心裡的話全部說完，我已經忘了第一句在說什麼。」

當父母講的話落落長，一直碎碎念的時候，孩子記不住，甚至聽不懂，又無法反駁和解釋時，自然會不耐煩，甚至出現憤怒的反應。

「是不是孩子對妳吼了三字經之後，妳就停下來了呢？」我問。

她點點頭。

有的時候，孩子一開口就口不擇言，其實是想讓父母停止嘮叨的行為。

我知道這位媽媽很擔心自己的孩子，急著要孩子做好應該做的事，但是於事無補，只會讓孩子覺得媽媽很囉嗦，更不想靠近她，親子關係也變得越來越疏離。

和青春期的孩子對話要講重點，讓他們清楚了解，我們想要表達的是什麼。

當孩子聽得進去的時候，說一句就能懂；聽不進去的時候，說一百句也沒用。

孩子上了高中以後，我每天早上五點起床，五點四十分準時送他們上學，跟他們寒暄幾句。一整天下來，我們交談的時間往往只有早上出門前十分鐘。晚上孩子回到家，看到他們，噓寒問暖都來不及了，哪裡有時間叨念呢？所以，我會把握這段可以跟孩子輕鬆對話的晚餐時間，關心一下他們最近在做些什麼。

如果一天只剩下十分鐘可以跟孩子說話，你會選擇關心，還是喋喋不休呢？

於是，我努力刪去孩子不想聽的碎念，在忙碌的生活中努力找到一點縫隙，跟他們相處。

有時候孩子講不聽，我也不強求，就當作他們是在住校。既然看不到人影，也毋須掛念，每天多幾分鐘相處，都算賺到。況且，和叛逆的青少年相處需要耐心，維持一天十分鐘的相處，大概是更年期的我與青春期兒子之間最完美的距離吧！

86

和青春期的孩子對話要講重點，
讓他們清楚了解，我們想要表達的是什麼。
當孩子聽得進去的時候，說一句就能懂；
聽不進去的時候，說一百句也沒用。

做個說話有溫度的媽媽，
是我的修行

我從小說話就很直，有什麼說什麼，就是大家說的嘴花不好，沒辦法說好聽話來迎合不喜歡的人。以前看到那些私底下罵校長、主任罵得最凶的同事，面對他們時卻能笑臉說出巴結奉承的話，心裡都會覺得好厲害，怎麼能說出違心之論，還說得這樣自然？

這種直來直往的個性讓我在人際關係上常常碰壁，也從來沒有上司緣。

但是，幾年前新的校長告訴我們：「每天都要去讚美、鼓勵一個孩子！」讓我開始反省自己，並且修正待人處世的方式。

面對班上低成就動機的孩子，看到她兩隻手的指甲上塗滿紅墨水，我不是辱罵禁止，而是準備好透明的櫻花指甲油，告訴她：「妳今天有把作業完成，超讚的！寫得很整齊呢！」我幫她擦上漂亮的透明指甲油，這個鼓勵讚美的動作，讓她不再把雙手塗滿墨水，剪去又髒又長的指甲，也讓她知道自己有認真完成作業是一件非常棒的事。

在教室裡，我開始每天讚美不只一個孩子，只要孩子完成自己的工作，就針對他們做的好的地方讚美兩句。比起批判和辱罵，針對好行為給予讚美和肯定，更能夠改變低成就動機的孩子。一旦他們在微小的地方得到成就感，習得成功經驗後，更樂於付出努力。

前幾天，我在餐廳吃飯的時候，旁邊坐著一對母子，男孩大概是國中生的模樣。

他們的對話太大聲，我不想聽也聽得清清楚楚。

媽媽：「你怎麼不穿我剛買的鞋子？買了不穿要幹麼？」

兒子：「誰想穿你買的！」

媽媽：「出來吃飯，幹麼臉這麼臭？」

兒子：「就不想跟你們一起吃飯，幹麼勉強我？」

兒子：「你一定要每次都把好好的假日搞成這樣嗎？」

媽媽：「妳說夠了沒？誰想跟你們出來！」

一會兒，爸爸來了，兒子立刻閉上嘴，三個人沉默地吃完飯後離開。

看到這一幕，我很有感觸，**想要讓叛逆期的孩子不說氣死人的話，做父母的不被孩子的話激怒**，真的是一門學問，也是修行。

有個媽媽曾經難過地跟我說，孩子回到家都不想跟她說話，一聊起來才知道，以前孩子在外面受挫回到家訴苦時，媽媽會跟他說：「死好！」「活該！」

「誰叫你……」「我不是跟你說過……」

當孩子知道在難過的時候得不到安慰和支持，又會被訓一頓，久了之後，自然就不說了。跟孩子說話，千萬不要用批評或是羞辱的方式，當孩子常常接收到負面批判時，回應的也是充滿殺傷力的話語，就會變成惡性循環。

我常覺得，手機 APP 需要更新，教養孩子的方式也需要更新，否則可能不符合孩子的需要。

記得有一次，工程師兒子玩手機過了頭，想要沒收他的手機，因此起了衝突，我立刻把他們隔開。

到了晚上，等工程師氣消了，我跟他說：「幹麼跟青春期小屁孩一般見識！這個年紀的孩子朋友不多，休閒時間也不多，所有重心都在手機上，你把他的手機收走，不是要他的命嗎？他會不會為了捍衛手機豁出去？你平常這麼照顧、這麼疼孩子，要是一拳揮下去，要多久才能修復父子之間的感情？」

跟大孩子相處時千萬不能動手，只要動手的模式養成，孩子長大後反擊的力

道是我們無法承受的。

兒子在生氣時口不擇言，我常常都當作沒聽到。趁著載他出門，他心情好的時候，跟他談談：「你長大了，要為自己的言行負責，在生氣當下做的事、失控說的話，你覺得承擔得起後果嗎？」

所以，當工程師對兒子的行為不滿時，我會勸他，如果不是會影響到他人的小小壞習慣，不如睜一隻眼閉一隻眼，減少跟他們之間的衝突。**對孩子再好，一次的親子衝突可能就會抵銷一百次對他們的好。用提醒代替責罵，是比較好的作法。**

我也跟兒子說，爸爸平常這麼的辛勞，對爸爸說話要客氣一點，話說出口之前，請想一下，會不會傷了爸爸愛你們的心。

我從來不在兒子面前罵工程師，因為我知道，抱怨和批評久了，下一次主角可能就會是我。我也從來不在和工程師吵架生氣時說要離婚，氣話說了就收不回

92

來，對夫妻關係的殺傷力卻很大！

平常我會檢討自己，說話是不是帶刺傷人？是不是總是負面思考？雖然說出來的是實話，會不會讓人覺得反感，難以接受？**每個人都有自己的情緒，沒有人想要額外承受他人的情緒負擔。**如何讓別人愉悅地聽自己說話，是需要學習的。

就算你的肚子裡再有墨水、腦子裡再有想法，沒有人願意聽，都是白搭。

以前有個朋友談論事情時，冷不防就會冒出一句口頭禪：「關我屁事！」有一次，朋友跟孩子說自己不舒服，孩子立刻回了一句：「關我屁事！」讓她當場勃然大怒。

另一個朋友在太太說話時常常會當眾怒斥她：「閉嘴！吵死了！」孩子聽久了也有樣學樣。結果某天，當朋友的太太又開始碎碎念的時候，孩子對著她吼：「閉嘴！吵死了！」站在一旁的我看了也覺得怵目驚心！

言語就像迴力鏢一樣，如果平時你對孩子說話的方式粗暴、憤怒，可想而知，

孩子回應的，也是難聽的話。我們一心只想著要孩子好好說話，但是卻忽略了父母親的身教很重要，給予孩子的影響也很大。因此，做父母的在怪罪孩子的態度不好之前，請試著想想，我們和他說話的方式正確嗎？

我期許自己成為一個說話有溫度的媽媽，不管是對老公還是孩子，都要好好讚美，好好說話。

對孩子再好，

一次的親子衝突可能就會抵銷一百次對他們的好。

用提醒代替責罵，是比較好的作法。

別為了寵愛孩子，委屈了自己

前陣子看了一部日本電影《今天也要用便當出擊》，電影裡的單親媽媽為了維持家計，必須同時兼好幾份工作，但是孩子對母親的辛苦卻不領情。處於叛逆期的孩子怪裡怪氣，喜歡耍酷，完全不把媽媽放在眼裡，媽媽只好想盡辦法跟孩子取得連結。她開始做起怨念便當，用最直接的方式表達自己的想法，與孩子溝通。

我一邊看這部影片一邊笑，還不時因感動而流下眼淚，從中得到了療癒效果。原來我面對的兒子不是異類，只是進入青春期的正常高中生啊！

雖然孩子一天天成長，可是在媽媽的心中，他們仍停留在童年天真無邪又可愛的階段。孩子的房間從堆滿恐龍、變形金剛，到整個櫃子都是動漫人物模型，我還是用一樣的方式愛著他們。孩子在學校受到傷害，陪伴他們修復受傷的心時，我在不知不覺中對他們付出了過度關心。為了減少彼此之間的摩擦，我和他們說話時小心翼翼，仔細觀察他們的表情和感受。只要他們的要求不過分，我能做到的都盡量去做，充當隨時接送的司機，他們想吃什麼都盡量變出來。

但是，孩子不一定能夠體諒做母親的苦心。有一次因為一件事和哥哥起了爭執，我堅持不妥協；就這樣，哥哥跟我冷戰了整整兩個月，跟我同桌吃飯時，也完全無視我的存在。剛開始當然很痛苦，但是我怎麼能容忍自己被孩子這樣對待呢？

每天下班後，我趕著去黃昏市場買菜回家做飯，在廚房裡煮飯熱個半死，孩子卻怎麼叫，也不下樓吃飯。有時叫到我都快沒力了，他們卻堅持要把手遊打完

才願意下樓，讓我和妹妹餓到頭昏眼花。

後來我乾脆不叫了，煮好飯後，跟妹妹一起開動。他們要吃冷飯、上面有一層浮油的冷菜，那是他們的選擇。

幾次以後，哥哥下樓看到菜都涼了，反問我：「妳怎麼都沒叫我？」

我告訴他：「以後不會叫了，要吃熱的飯菜，請你們自己準時下樓。」

這招果然很有效，大概每天到了晚上六點二十分，兒子們就會自動出現在客廳。有時我工作很累，來不及煮飯，連續好幾天買便當給他們，自己隨便煮個麵吃，也不再抱持罪惡感。

過去，我每天早上起來做熱騰騰的早餐，想盡辦法保溫。孩子似乎覺得這是理所當然的事，不會想到媽媽一大早就花時間準備，全身都是油煙味，多麼辛苦。

我想讓孩子知道，**媽媽照顧孩子的起居和生活是出於愛，不是義務。**我也可

98

以用最簡單的方式準備三餐，而不是凡事親力親為，還要看孩子的臉色。

所有的關係都是互相的，當媽媽的很簡單，孩子只要有一點點回應，就會義無反顧地付出。但是當孩子不接受、任意揮霍媽媽的愛心時，做媽媽的只能含著眼淚收回。

到了這把年紀，我體悟到別把希望都寄託在孩子身上，要多留一些時間和空間給自己。寵壞了孩子，只會委屈了自己。

奉勸所有辛苦付出的媽媽們，別為了孩子而犧牲自己。請想想：當孩子長大、離開我們的身邊時，我們留給自己的還剩下什麼？

從妹妹小一入學後，每年秋天，我幾乎都會莫名憂鬱，很多過去的事情開始浮上心頭，不斷地折磨自己。當我情緒低落、不想說話時，就想跑到海邊，好好地大哭一場。

後來我發現是季節交替的緣故，加上基隆開始下雨，很容易讓憂鬱復發。但

是這兩年完全沒有徵兆，我在生活中也努力安排一些讓自己開心的事，使情緒處於平穩的狀態。

遇到痛苦時，我沒有向人訴苦的習慣，因為抱怨只會讓自己更沉溺在憤怒和悲傷的情緒之中。自己的苦說給別人聽，沒有經歷過的人無法體會，有時甚至還會被當成茶餘飯後的笑柄。

平常我會找些喜歡的事情，把生活的空檔填滿。以前我喜歡烘焙，前年迷上了做袖珍屋模型，去年是組裝檔車模型，讓自己專注在可以讓思緒放空的嗜好中，就不會胡思亂想了。

我很喜歡手作，家裡的櫃子幾乎放滿我各個時期著迷的手作成品。做好檔車模型以後，我拿出二十年前在奇摩上競標得到的無敵鐵金剛，剛好成為他的座騎，顏色還很搭呢！

大概是因為從小沒有什麼朋友，我習慣獨處，可以一個人不眠不休地做模

100

型，或是製作布娃娃、蝶古巴特。這個嗜好不僅訓練了我的耐性，還能從中得到不少成就感。

去年暑假我學會騎檔車，只要天氣好，就會騎著它上班，下班後繞到外木山去看海，吹吹風，心情也頓時平靜了下來。回到家陪妹妹看球賽、寫作業、擼擼五隻可愛的貓、煮晚餐等工程師下班回家吃飯，睡覺時緊緊抱著他聊聊天、開開玩笑，似乎就能安然度過這個秋冬交替的憂鬱時節了。

一定要疼惜自己，找到能讓自己平靜、有成就感的事，多花一點時間在自己身上。

只有先把自己照顧好，我們才能有力氣照顧家人。

當了媽媽以後，所有的重心都放在孩子身上，
很容易忽略了自己。
如果能夠學習與每一個狀態的自己相處，
善待自己，就能活得輕鬆又自在。

我們是教育合夥人，一起來打怪！

我的好友作家黃大米曾經在她的書上寫道，從小父母親就重男輕女，對待她跟哥哥們的方式很不一樣，哥哥們可以輕鬆擁有的東西，大米就算是開口也要不到。小時候，就連哥哥們都笑她是爸媽撿回來的，因為國小畢業時，爸爸就要她去工廠當女工，不要再繼續讀書了。

這樣的環境造就了她對父母親又愛又恨的情結，很想努力證明給他們看，自己是有能力、有價值的。

我可以理解那種長期不被肯定、甚至被忽視的感受。年輕的時候，我曾經當

了多年的生教組長，好想升上去當主任，因此在工作上力求表現。

但是，當年的老校長把我準備送出去的評鑑成果狠狠地摔在地上，說：「妳都做了什麼沒有用的東西！」

天知道，我為了那份報告，加班了多少時間！送去教育局的評鑑得到特優，他一句讚美的話都沒有，八千元的獎金我一毛錢也沒看見。不管我做什麼，在他的眼裡都很糟糕，連我想利用假日去進修的公文都被他擱在櫃子裡，就是不讓我去。

我常常想，我怎麼這麼差勁？到底怎麼做才好呢？

直到有一天，有人告訴我：「妳的成就不在那個位置上，妳跟這個校長沒有緣。當主任有什麼好？工作責任大，錢又沒有多領多少！妳老公很負責任，兒子都很健康，把妹妹和家庭顧好比較重要。」那一刻我才恍然大悟，一個人的成就，並不是工作的頭銜。因此，我辭掉了行政工作，去報考研究所，用學歷來替自己

的職涯加分。

從那時開始，我不用加班、不用被評鑑，也不用再看校長的臉色。

原本為了當主任，我對老校長的態度總是畢恭畢敬。從放棄升遷那一天起，對我來說，他只是一個擦肩而過的同事，就算他像以前一樣任意在辦公室發脾氣，我也毫不在意。往後的日子，不用再看到他羞辱我的樣子，感覺真好！

大米說：「所有的逆境都是為了成就獨立與堅強，唯有無依無靠，才會自立自強；不受寵很好，這樣才能振翅高飛，無所牽掛。」

是啊！任何位子換誰來做都可以，但是照顧孩子、經營家庭的責任，捨我其誰！於是我把目光焦點從工作中轉移，把家庭當作自己的事業，而工程師就是我的教育合夥人。

上次去演講時，有一位媽媽說，先生超偏心，只疼愛弟弟，卻對特殊兒的哥

哥不聞不問，甚至嫌棄他，覺得他能力太差。哥哥雖然沒有說出來，但還是會故意欺負弟弟。

看到哥哥被冷落，她實在很心疼。

這對兄弟之間的衝突，都是因為爸爸的偏心引起的。但是，我跟媽媽說：

「不要去執著於爸爸對哥哥疏離的這個點上，他也不是對這個家不用心，想想他至少疼愛了一個孩子。你帶哥哥去復健就醫的時候，他還能幫忙帶弟弟。如果想成夫妻分工合作，是不是會比較好過一點？」

讓我們給爸爸一些鼓勵，針對爸爸對孩子的好、對家庭的照顧讚美一下他。

不管是小孩、大人，都需要正向的鼓勵才有動力持續下去。

回想妹妹小時候，工程師常常早上六點多就開車送兒子們去上學，再趕到新竹科學園區上班，晚上接哥哥們回到家時，已經是晚上九點，我和妹妹都準備上床睡覺了。

平常妹妹的復健、就醫、接送上學都是由我負責，她的狀況也只能透過我告訴工程師，所以他自然無法深刻感受到妹妹的辛苦和障礙。因為相處時間少，妹妹跟爸爸之間比較疏離，說他不疼妹妹、說他偏心，其實是不公平的。

有時做父親的是因為不知道該如何跟孩子相處，才會造成隔閡，這是特殊兒家庭常見的狀況。所以，每次帶妹妹去醫院回來，我一定會轉述醫師的意見，把檢查報告結果告訴工程師，讓他可以了解孩子的真實狀況，並且跟他討論妹妹的情況，讓他知道妹妹現在的困難，以及將來要面對的問題。看到他對待妹妹的方式不對，我也會趁著他忙完一天的工作，可以坐下來聊天時，適時提醒他。

如果爸爸不知道該怎樣和孩子相處，做媽媽的我們不要只是嫌棄，給爸爸一些具體的方法。像是請他牽著孩子的手，一起去便利商店買東西，給他們一些獨處的時刻。就算每天只有幾分鐘的時間也好。

在人生中能夠擁有同甘共苦的伴侶不容易，尤其是特殊孩子的家長，承擔了

更多的壓力；我想換作是另一個人，不一定能做得跟工程師一樣好。因此我不會要求他一定要做到跟我對等的付出。畢竟，每個人能做的事情不一樣，互相體諒很重要，如果夫妻之間只剩下斤斤計較，這段婚姻可能就會走不下去了。

那天我和工程師因為一些事情而爭執，我想起曾經在《親子天下》專訪中看到陶晶瑩說的一段話，覺得很有感。

她說：「如果總是執著於一些生活中的小事小點上，你可能就會失去這個人。你慢慢就會知道，人生其實就是追求一個平衡的狀態。現實世界不是偶像劇，當你了解自己的定位之後，就不會去衍生不必要的麻煩，不會去找老公麻煩。」

妳可以多看另一半有做的事情，常常說出心裡的感謝，他就會更願意去做，甚至做更多。相反地，如果妳只看對方沒做到的地方，不停嫌棄對方，他就會連原本做到的都不願做了。

沒有完美的另一半，也沒有不生氣的婚姻。所以，我和工程師冷戰往往只限於碰面的時候不說話，在電話和 LINE 訊息裡依舊溝通無礙。我沒辦法在家煮飯時他會去外面買便當，他晚歸時我也會幫他留晚餐；每天早上，他還是幫我泡兩杯茶再去上班。就算生氣，日子還是得過下去呀！

工程師是個生性節儉的人，他一雙鞋子穿了好幾年捨不得換，十幾年前買給他的外套，現在還在穿；只要不是和我一起吃飯，一個便當就打發了他的早午餐。今年是我和工程師結婚二十二週年，我們從我高中時開始交往，當時約會只吃得起一餐三十三元的自助餐。結婚後，一無所有的我，還得挖撲滿裡的錢來支付生老大的費用。到了現在，我們有一間大房子、兩輛喜愛的車、三個小孩、四部摩托車、五隻貓，一路走來真的很不容易，這些都要感謝他的認真和付出。

工程師是個好老公，他每天早上六點起床餵貓，幫我泡茶、晒完衣服才出門。晚上下班回到家後，洗完澡後還要洗衣服、清貓砂、倒垃圾……要做好多家

事。在教育孩子的過程中，我和工程師扮演了互補的角色，是彼此的最佳拍檔。

教養孩子就像是打怪一樣，我的壞脾氣在脾氣比我更壞的哥哥身上消磨殆盡，我的急躁在弟弟身上無法發揮作用，而我的好勝心在妹妹身上完全使不上力。

兒子進入青春期的那幾年，我和工程師把教育孩子當作是自我修練，想想自己曾經叛逆過的青春，似乎就能夠坦然接受孩子的不安和焦慮了。

沒有完美的另一半，
也沒有不生氣的婚姻。

擁有獨特天賦的快樂國中生

時間過得很快，有學習障礙的妹妹今年升上了國中二年級。當她進入國中時，我曾經面臨了一個抉擇，是否應該轉銜普通班？

有些朋友知道我替她選的是特教班都勸我，這樣太可惜了！他們覺得妹妹的肢體動作、理解能力、自理能力都很好，應該可以留在普通班，還有資源班的輔助。

但是我心想，就算在資源班，她識字困難，簡單的加減都無法計算，英文字母都記不全，學這些她一輩子都用不到的數學和理化、英文，意義又是什麼？

除了國文、英文、數學抽離以外，還有很多科目必須要跟一般的孩子一起

上課和考試，還要交作業；跟一般的國中生相處，對她來說是個巨大的壓力。所

以，即使原本的條件不符，我還是請資源班老師幫我選填特教班。

為了讓妹妹有更好的學習環境，我去參觀了好幾所國中的特教班，有的學校

重點放在升高職的綜合職能科，國三有很長一段時間需要不斷練習考古題；有的

學校把特教班教學放在學校最邊緣的角落，不管是環境或上課的方式內容，都是

我考量的重點。

妹妹讀國小時，遇到什麼事都說我不會，做什麼都要我幫忙，還沒把書打開

來看就說看不懂，在一般的孩子中，她沒有機會，也沒有自信。但是上了國中的

她不只變得開朗，學習動力超強，遇到什麼事情都跟我說：「媽咪，我來！我試

試看。」

我很慶幸自己最後做了一個適合她的選擇。

妹妹每天回到家，談的都是今天上課時大家一起做了什麼甜點，很好玩；木工課使用電鑽和釘槍，多麼有趣。班級人數少，師生比例高，她能受到更妥善的照顧，也沒有令人擔心的霸凌和排擠狀況發生。

在國中這個應該是人生最叛逆的時期，妹妹的情緒很穩定，每天去上學都很快樂。

妹妹是個非常守規矩、有時間觀念的孩子，她早上六點準時起床上學，每天放學回家第一件事情一定是把功課完成，再去阿姨家跟小表妹玩到九點準時回家。洗好澡，九點半一定上床睡覺，從來不會延遲或賴皮。

每天晚上，她會要我上樓替她蓋被子，我在床邊看到她疊好隔天要穿去學校的衣服，看她抱著雪寶，替芭比娃娃愛紗蓋上被子的模樣，覺得沒有叛逆期的孩子真是可愛啊！

考卷上面的分數、升學率高低，對於這個孩子來說沒有意義，但是我想要教

114

導她的是如何照顧好自己的能力，藉此減少一些社會成本。我希望給予妹妹一個友善的學習環境，不需要為了自己的先天障礙感到難過，不必因為怎樣都學不會而被刁難，也不用耗盡力氣去對抗外界的惡意。

很多人都說，上帝關了一扇門，就會打開另外一扇窗。有障礙的孩子往往會有不一樣的專長，我觀察了很久，找不到妹妹的強項，很擔心錯過了她的天賦。

但是後來我發現，她的強項就是穩定的情緒和開朗的笑容。

一個人最好的天賦就是正直和善良，我很開心妹妹擁有這個才能。此外，妹妹能有懂得妥善照顧她的父母，以及關心她的家人和老師，是一件多麼幸運的事。

一個人最好的天賦就是正直和善良，
我很開心妹妹擁有這個才能。

我是母親，也是教育工作者

師範學院畢業後，我被分派到一所公立小學。一到學校，我就擔任生教組長兼導師，工作十分繁忙。

當時的我年輕氣盛，對待學生都非常嚴格，尤其是生教組長常常得當壞人，訓誡犯錯的孩子，管理全校的秩序，哪個班上有不乖的孩子就會送來給我訓誡一番。所以，以前的畢業生只要一提起我，多半會記得沈老師很凶。

上次有個孩子傳臉書訊息給我，我看到她是以前教過的學生，很擔心是不是要來告訴我，當時的我有多嚴厲？沒想到，她說，某天在學校附近遇到我，我關

心地問她吃飯了沒？知道她沒吃午飯，給了她一百元，要她趕緊去吃飯。這件事她一直牢記在心上。

當年自己一個不經意的善意舉動，竟然讓這孩子記得這麼久，我覺得很驚訝也很欣慰。

也許有些人覺得救急不救窮，但是孩子的童年只有一次，我和學校的輔導老師捨不得那些孩子因為家庭因素受苦，所以這些年來，我們通力合作，一起關懷在校的、畢業的窮困孩子，想盡辦法讓孩子能夠吃飽，能有替換的衣服和鞋子穿，放學後能有個地方吃飯、寫作業，替一些心裡受傷的孩子安排諮商輔導。

尤其是我們兩個都當了三個孩子的媽媽後，把自己的孩子放在心尖上，更無法對孩子吃不飽、穿不暖視而不見。我們以身為媽媽的初心，努力想拉這些孩子一把。

在學校教了二十年多年，我遇過不少在糟糕的家庭環境下長大的孩子。每個

118

我們用心幫助過的孩子，都有他們無法選擇的童年、不堪回首的過去。但我們無法解決孩子家裡的經濟狀況，也難以改變照顧者的能力和態度，只能把心思專注地放在孩子身上。當我們的眼睛裡只看到孩子的需要的時候，就沒有那麼多的計較和不平了。

那天跟輔導老師談到這些年我們照顧過的孩子，她語重心長地跟我說了聲謝謝。她說，若沒有我跟她一起努力，她沒有力量可以走這麼遠。事實上，沒有輔導老師，我也不知道自己能做的事情這麼多。

在教育崗位上，我們不求做大事，只希望沒有錯過任何一個需要幫助的孩子。

只要我們把身邊的孩子照顧好，就是盡了教育工作者最大的責任。

我曾教過一位隔代教養的孩子，他國小三年級轉來我們班上時，已是第三次轉學，脾氣非常暴躁，對人的戒心很重，常常拒絕學習。

輔導老師和我為了撐住這個叛逆的孩子，幫忙申請各項補助，協助他的阿嬤找工作來維持家計。放學後，我們把孩子安置在安親班裡完成作業，減少跟導師之間的衝突，拜託球隊教練讓孩子一起去打球消耗體力，不要惹事。此外，我們也努力幫忙阿嬤租房子，整個團隊能做的都盡力去做了。

看到孩子順利畢業，升上國中，我們以為可以鬆了一口氣。沒想到，上了國中後，孩子仍然拒學又中途輟學，還做了很多令阿嬤傷心的事。

阿嬤因為要照顧遊手好閒又經常闖禍的孫子，工作始終無法穩定下來。每次看到年邁的阿嬤，我都覺得辛酸，她前半生受到先生的家暴折磨，不得不痛苦地離開家；後半生為了孫子，長期處在貧困的環境、擔憂的情緒之中，四處奔波，真是辛苦極了！

雖然孩子畢業三年了，我和輔導老師還是持續拉拔這個孩子，關懷阿嬤。以前孩子在學校，我們還可以動用教育儲蓄戶來幫忙，畢業後就不屬於我們學校，

120

無法申請補助。

想到孩子也大了，不適合只是單方面給予，我們希望孩子能夠自立自強，所以輔導老師跟孩子說，想請阿嬤來幫我們刷油漆，並且告訴他，阿嬤一個人做不完，拜託他也一起來幫忙。

這個超厭世的中輟生，星期天一整天都跟著阿嬤，把學校走廊上的長條椅漆得漂漂亮亮。當他從輔導老師手中拿到獎學金時超開心的，一直問：「下次還能來幫忙刷油漆嗎？」

輔導老師要他週間好好讀書，等假日再來學校幫忙，他滿臉笑容地一口答應，然後說：「這個週末我可以再來完成還沒做完的部分嗎？」

看到他努力工作的背影，我忍不住紅了眼眶。孩子終於開始懂事，阿嬤是不是苦盡甘來了呢？

走廊上的木頭長椅原本開始褪色、腐壞、充滿髒汙，經過他的巧手粉刷之

後，竟然煥然一新！我想，看到自己用雙手完成這項工作，那種透過努力得到的滿滿成就感，以及協助阿嬤滿足被需要的匱乏感，或許就是修復這孩子的心最好的良藥。

我多麼希望孩子內心的不安能夠就此穩住，揮別坎坷的過去，勇往直前；像這個腐朽的木頭長椅一樣，美麗重生。

在教育崗位上，我們不求做大事，
只希望沒有錯過任何一個需要幫助的孩子。

拋開他人的眼光，
做你自己

我每天固定早起在臉書發文，持續了七年。在人生中最低潮的時候，每天寫出來的文章都是眼淚，我一邊寫一邊哭，看一遍又哭一遍。

有位網友曾經和我說：「妳是公眾人物，妳有社會責任啊！」我當時有點難過，我又沒有因為臉書賺錢，為什麼需要背負社會責任？可是，後來我發現好多跟我有相同處境的媽媽們，會看著我的文章，跟我一起悲傷、一起努力。

那天跟洪仲清臨床心理師做網路直播，他對於我如何面對網路上的批判和攻擊很好奇，到底是怎樣熬過最難過的時期呢？對於網友謾罵，會不會想要戰回

去？

我遇過幾次網路霸凌事件，第一次非常震撼。以前我只是網路霸凌的旁觀者，看到當事人和網民的對話、那些批判的文字，覺得膽顫心驚。沒想到，某天我的一篇臉書文章才剛發出去，經過媒體轉發後，一下子就湧入了幾千個人留言。

前來謾罵的網友絕大部分都是第一次看到我的文章，明明我的主題是寫學校的營養午餐，他們可以牽扯到對「神老師」這個稱呼的觀感，連我叫老公工程師，他們都覺得是在炫耀，說我寫帶妹妹去復健的經歷是在賣悲慘、消費孩子。

也有人嫌棄我的身材和長相，說我很難相處、人際關係差，說我炫富開名車……不喜歡我的人，甚至把我的祖宗八代都拿出來批判，還有人叫我去死。

我沒辦法理解，為什麼有人可以這樣殘忍，我們之間到底是有多大的仇恨？

當下真的痛苦萬分，想著：「如果我消失了，這些謾罵是不是就會停止？」

當時，不管多少人安慰我，我的眼淚就是流個不停。

大概到了第五天，留言越來越少。在網路時代，可以罵的事情太多了，如果這裡戰不起來，酸民就會另外找尋戰場，不會對一個事件關注太久。如果有另一個更讓他們感興趣的話題人物出現，就會一哄而散。

那些來批評我的人沒有想要我變得更好，也沒有想要知道我付出了多少。他們要我捐出薪水給學生買晚餐，要我拿自己的錢去買貢丸給阿嬤，要我把孩子帶回家養的這些人，並不會捐錢給阿嬤，也不想知道我們幫助孩子的實際作為，更不會看到我們持續幫助這個孩子念到高中。很多人一輩子跟我都沒有交集，也不認識，他們留下一句惡毒的話就轉身離去。

直播中，有位網友說只要有人不喜歡她，就會檢討自己是不是哪裡做得不好？我說，很多時候，沒有不好，只是不合批判者的意，不入他們的眼；只是穿著風格不一樣，成長環境、受到的教育、喜歡吃的東西不一樣，只要對方看不順

126

眼，什麼都可以拿來批判呀！

在事件當下，我禁止自己去看留言，以及網民私訊給我、批鬥我的連結。

我很少回覆留言，一部分是因為上班時間不能回，下班後幾百個留言沒辦法回；另一個原因是，這些來挑釁的人看到我的回覆會激起更強烈的戰鬥力，或許還會揪別人一起來戰。我吵架的功力太差，得想很久該怎樣罵回去，哈！況且，我跟這些人是生活在平行時空，原本就沒有交集，又何必在意他們的想法呢？

這輩子跟我們擦身而過的人何其多，何必因為一個不相干的路人而糾結？耗費太多力氣在這些不想了解自己的人身上，實在是浪費生命。

人生就該浪費在美好的事情上，帶妹妹去復健，為家人煮一頓豐盛的晚餐，去看看充滿希望的日出、令人讚嘆的夕陽、拍打在石頭上的浪花……這世上有太多值得我們去做的事情。別在電腦前看酸民的留言，去海邊走走，欣賞多麼美麗的海浪呀！

前幾天收到《ELLE》雜誌，趕緊翻開屬於我的那幾頁。為了拍照，我人生中第一次穿PRADA，雖然只穿了兩個小時，一定要留作紀念呀！

拍攝當天，一大早我去離子燙，把毛躁的頭髮燙直。結果下午做造型時，大概是因為頭髮太少、太扁，造型師為了讓頭髮有澎度，幫我用電棒燙個大波浪後盤起來⋯⋯我的離子燙白弄了。

我記得那天天氣很熱，高達三十五度，我穿著高領、超厚的大衣、踩著高跟鞋，在強光下站了兩小時，不知道為什麼，心情超好。大概覺得一切都很新奇吧！只要看到鏡頭就不自覺地大笑，每一張照片裡的我都很開心。

我好喜歡那些照片，把照片給工程師看，他看了很久，說：「這誰呀？」

有人在我的臉書上的照片下面寫著：「醜死了！」

我一點也不難過，還覺得有點好笑。

審美價值是很主觀的，就像我覺得自己買的靴子很帥氣，在工程師的眼裡卻

像是雨鞋一樣。

我不需要每個人喜歡我，但也不想接受別人惡意的批評。那些不喜歡我又愛批評的人，不管看到什麼都會覺得醜，所以不需要往心裡去，也不必做任何解釋，封鎖他們就好，就讓我們彼此生活在平行世界裡。

我很喜歡「花若盛開，蝴蝶自來」這句話，這是我自己的人生，不需要跟任何人比較。對平凡的我來說，經過這麼多的磨練和努力，能夠在鏡頭前這樣自在又恣意地笑著，已經是最美麗的一刻。

這輩子跟我們擦身而過的人何其多，
何必因為一個不相干的路人而糾結？
耗費太多力氣在這些不想了解自己的人身上，
實在是浪費生命。

Chapter 2

青春這堂課

孩子不愛讀書，
是缺少學習動力

很多家長私訊問我：「我的孩子不愛念書，功課又差，快要讀不下去了，怎麼辦？」我明白他們的焦慮，或許就和我家的兩個兒子一樣，如果能夠找到一個真正適合的環境，就能靜下心來好好讀書。

弟弟國中時，轉學到離我教書地方很近的學校，由我每天接送他上下課。在車上，我會跟他聊天，和他談談新交的朋友，聽他說跟同學之間的互動、課堂上發生的趣事，了解他在學校的情況。

回到家，我讓他學習妥善管理自己的時間，培養自動自發的讀書習慣。我告

訴他要對自己的作業負責，不能讓老師在聯絡簿上寫紅字提醒他補交作業，要他放學回家後一定要先把功課做完才行。

我知道弟弟喜歡畫畫和動漫，所以買了很多素描本給他。每天他把作業完成，準備好隔天的考試後，就可以開始畫畫、玩手遊、看影片。當他走進房間後，就是自己的時間，我不去干涉他做些什麼，只要求他晚上十點準時交出手機，上床睡覺。我不盯他看書、寫功課，但是他從來沒有缺交過功課，成績始終維持中上，字也寫得很整齊，不再像以前一樣潦草凌亂，可以洋洋灑灑地寫出幾百個字的作文來。

上了高中之後，弟弟的成績不是很好，但他對分數一點都不在乎，尤其是數學常常考不及格。

每次我問他：「你的數學有沒有需要我幫忙的呀？」他都說不用。

看著他的成績，有時真的很想數落兩句。不過，想到他回到家都已經晚上九

點了，一臉疲憊的樣子，實在令人心疼，所以我又把沒說出口的話，吞回了肚子。

很多家長抱怨叫不動孩子念書，我可以理解他們的辛苦。對於我家兩個不愛念書的兒子，我從來沒有因為成績不好對他們發脾氣，也不會問他們為什麼回家不讀書。但是，我會和他們討論獎勵機制，給他們一些努力的誘因。

如果考大學是一個遙遠的目標，我們就把設定的目標縮短一點。哥哥的老師說只要考到班上前十名，上國立大學沒問題，那就把週考前十名當作目標，達到目標就獎勵；考到前五名，獎金雙倍。為了拿獎金可以去加值手遊，從那時候開始，他每次週考都在前十名。

弟弟的成績單常常不願意給我簽名，我跟他說：「獎學金在等你呀！」

他說：「快了！快了！」拜託，差了十幾名，哪有快？

有一次，弟弟第二次模擬考進入前十名，他高興極了！遞給我成績單時，他覺得很滿意，還跟我討論之後想念哪一所大學。

134

有位家長在網路上向我求救：「神老師，孩子的功課我都看不懂，怎麼辦？」

我把自己的經驗和她分享。兒子念小學的時候，只要功課有問題，幾乎都是我教的。因為工程師看到那些題目，第一句話不是問哪裡不會，而是問：「你到底有沒有認真上課？上課在做什麼？」每次都弄到大人吼、小孩哭，所以孩子會主動來問我，我也避免讓工程師看他們的功課。

我自己是老師，清楚知道就算孩子認真上課，還是會遇到一些問題，這是很普遍的狀況。有時只要提點一下，就能幫助他們把課堂上學到的東西想得更透澈。

上了高中，哥哥跟我說他的數學都聽不懂，複習卷上的題目也看不懂！我告訴他千萬不能放棄，「我們來想想辦法，你把題目卷帶回來給我看，媽咪高中的時候數學很強耶！大學聯考那年數學高標三十幾分，我考了八十五分，有沒有很厲害？」

結果，我把他的複習卷拿來一看，「這是蝦米？我怎麼完全看不懂？」趕緊跑到參考書專賣店詢問，想買自修來讀，結果因為已經期末，書商全部都回收

了。我只好硬著頭皮請工程師幫忙，他霸氣地說：「拿來我看，這很簡單呀！」

星期六早上，我帶妹妹去上體操課時，工程師帶著兩個兒子去公司，一邊加班，一邊教他們數學。說實話，我的心裡實在有點擔心，兒子聽不懂的時候，工程師會不會發火？

沒想到，這些年來，工程師的脾氣已經被孩子給磨平了。早上教了兩個小時，他發現哥哥對整個學期的數學課程內容是一片空白。到了下午，工程師自己上網找到了高一的數學課程，看了兩個小時，想要用更適合的方式來教導孩子。

研究完之後，他一題一題地講解，兩人就這樣討論了一個多小時。

某天晚上，工程師很認真地回訊息，我問他是處理公司的事嗎？

他說：「我跟妳兒子盧了一個晚上呀！說他微積分看不懂，要退選。」

原來今年上大二的哥哥，說大一被當的微積分，重修還是看不懂。大概是覺得找我也沒用，所以直接找工程師求救。

他立刻聯繫一位認識很久的朋友教兒子微積分，並且約定好每個星期六早上在台北上課。

就這樣，每個星期五晚上，工程師爸爸去高鐵站接哥哥回家；星期六早上，工程師哥哥去台北上半天課，星期天他自己再搭車回學校。

昨天跟哥哥聊天，我問他上課還好嗎？

他說：「阿北在幫我打基礎，現在基本概念我都懂了，對我很有幫助。」

我以為大學生會覺得每個週末這樣跑很浪費時間，但是能夠看懂微積分，他竟然滿足地笑了！

在孩子抱怨課業壓力大時，內心有可能是無助的，找不到解決的方法。有時候，學習心態消極的孩子雖然嘴巴上說想要放棄，其實不是真的不想念書，而是需要一些外在的助力；做家長的，不妨引導、推動他們前進，想辦法和他們一起克服眼前的難題。

有時候，

學習心態消極的孩子雖然嘴巴上說想要放棄，

其實不是真的不想念書，

而是需要一些外在的助力；

做家長的，不妨引導、推動他們前進，

想辦法和他們一起克服眼前的難題。

成就感，
是最好的獎勵

有一年，我收到一場電影首映會的邀約，對方提供四個免費看電影的名額。

上數學課時，我心血來潮地出了一道題目，告訴台下的學生，寫得最快又正確的前四位，就可以跟我一起去看電影。

結果一個平時習題拖拖拉拉地寫不完、原本對數學興趣缺缺的孩子，為了要去看電影，寫得飛快，第一個就交卷，答案還正確無誤。

那天，他早早就到我們約定的地點等待。看完電影，我請他們在影城裡吃完晚餐，再開車送他們回家。

或許是那次的鼓勵發揮了作用，引發孩子對數學的興趣。在科任課常常被投訴不專心的他，數學課卻能專心上課，也能在時間內完成習題，成績進步了很多。我察覺到他的改變，上數學課時會刻意走到他身邊，讚美他的算式寫得整齊、答案正確。

興趣加上成就感，是最好的驅動力。從此，數學就成了他最喜歡的科目。

做自己喜歡的事，往往能激發一個人的潛能。同樣地，**當孩子對某樣事物產生興趣、有好的表現時，給予他們正向的鼓勵，就能讓他們有持續前進的動力。**

簽書會上，有位媽媽問我，她的孩子缺乏耐性，很容易就放棄，做父母的應該怎麼做才好呢？

我自己是一個堅持度非常高的人，尤其是有人反對時，堅持度會達到最高點，哈！而且我遇到有興趣的事物時就會竭盡所能地去學習。所以，只要孩子對某方面產生興趣，我不會潑冷水，一定會支持他們。我負責提供資源，孩子能學

140

習多少，就是他們的造化了。

妹妹上學期從學校帶了一個香包回來，說是她自己縫的，想要再買來練習，打鐵要趁熱啊！我一口氣就訂了十幾個。

縫第一個香包的時候，她縫得亂七八糟，可見當時她帶回來的作品應該不是自己做的，但是她有想學習的動力，當然要好好鼓勵。一開始她覺得很挫敗、很困難，我在旁邊陪著她做，一邊提醒她正確的方法。做了三個之後，我就讓她自己動手做，雖然還是有錯誤的地方，但著實進步不少！

去年新冠疫情期間，我在家裡每天教妹妹打蛋，她無法輕敲後兩手剝開蛋殼，總是把蛋捏爆。我改教她用筷子把蛋殼夾起來，教了無數次以後，她還是失敗，我的火氣都快上來了。但我告訴自己，這時候千萬不能放棄，也不能罵她，否則她可能就會放棄，也就前功盡棄了。

於是我改變作法，在還沒開始煮飯前請她到我身旁，我一邊敲蛋，一邊告訴

她要注意的地方，示範操作過一遍後，告訴她：「媽咪去吸地板，妳自己試試看喔！」

每天練習敲五顆蛋，一個禮拜後，她終於敲出五顆完整的蛋了。

我常聽到很多家長說，自己的孩子很廢，除了打遊戲，對什麼事情都沒有興趣。有時候孩子不是沒興趣，而是害怕做錯時會被責備，不如乾脆放棄算了。

孩子在學習的過程中，難免會犯錯；有做，才能發現有錯，並且學會正確的方法。所以，當孩子出錯時不要怒罵、羞辱和禁止，而是鼓勵他們勇於嘗試、再接再厲。

此外，支持孩子的興趣，是培養堅持力的重要關鍵。

我從小就喜歡做模型，家裡的櫃子擺滿了各種模型，弟弟在國中時對我手作的機車模型產生了濃厚興趣，也想要試試看。

我帶著他去西門町萬年大樓買了鋼彈模型、噴漆和做模型需要的工具，提醒

他噴漆的重點、浮水貼紙的使用方法後，就放手讓他自己去嘗試。結果，這傢伙竟然在房間裡噴漆，噴得地板和床上到處都是！我告訴他噴漆會損害身體健康，所以要戴上口罩，去後院的開放空間噴才行。

雖然他被我小小警告了一下，並沒有澆熄對做模型的熱情，一個人玩得很開心，並且樂此不疲。

對於孩子，我們總是擔心很多，擔心他們受傷、擔心他們犯錯……做父母的要有耐心，不要急於一時，也不要緊迫盯人，請留給孩子一些試錯的空間。**讓孩子在容許犯錯的環境中自由探索，在興趣中多方學習，肯定自己是做得到的，就能激發他們的潛力，產生自信心。**我相信，只要持之以恆地學習，即使孩子將來成為不了廚師、模型師或是科學家，在完成的過程中，無形之中也培養了一些寶貴的能力。

孩子在學習的過程中，

難免會犯錯；

有做，才能發現有錯，

並且學會正確的方法。

從日常生活中
培養孩子的金錢觀

哥哥在台北讀國小時，有個同學曾經笑他：「你住基隆，很窮喔！」

兒子回來後氣呼呼地問我：「住基隆很窮嗎？」

當時我告訴他：「我們也可以搬去台北住，但是把這間七十幾坪的房子賣掉，可能只能在台北買二十坪的房子，扣掉公設大概就剩下一層樓大小，你想要嗎？」

雖然台北生活機能好、交通方便，我從來沒有想要搬去那裡，因為對我來說，生活負擔太重了。我們現在住的房子有五間大套房、兩個室內車位，回到家

不需要到處找車位，旁邊就是交流道；工程師去內湖工作時，不塞車的話，只要二十分鐘就能到達。週末早上，我跟工程師騎車去萬里龜吼日出亭看日出也只要二十分鐘的時間，走路就能到外木山去看海，是不是很棒呢？我們家的五隻貓整天在房子裡蹦蹦跳跳，有時還找不到牠們的蹤影呢！

繳了十幾年的房貸，如今每個月只剩下一萬多元要付，生活過得舒服又愜意。

對於現在的生活，我很滿意。

小時候，因為家裡的孩子多，我經常穿親戚和鄰居給的二手衣。念基隆女中時，由於家裡六個孩子都在讀書，每學期的註冊費都是媽媽標會來繳，更別說買新制服是奢望，高中三年，我都穿別人捐贈的制服上學。

我長得高大壯碩，那些二手上衣往往太緊、裙子太短，紅外套的袖口、領口全都磨破了，還黑到發亮。

146

有位同學的男友常跟我開玩笑地說：「沈雅琪，妳的衣服這麼緊繃、裙子這麼短，看了歹勢，嘸看拍損……」每次都讓我羞紅了臉。

我也常被教官叫去訓話，說我的裙子太短。你以為我愛露，我是沒得選呀！

為了遮住緊到扣子縫都能看到內衣的襯衫，我幾乎連夏天都穿著外套。

到了過年的時候，我們每個孩子可以買一件新衣服是我最期待的事。所以從小我就很喜歡過年，有種除舊布新的儀式感。

有一年過年前夕，家裡的貨車很不幸地被偷了，連日子都快過不下去，當然沒有錢買新衣服，令我們幾個孩子都很失望。這種想要彌補兒時匱乏的心理，自然也反應在教養上面。對於添購孩子想要的玩具、文具，我從來都不吝嗇。

弟弟上大學前，我帶他去報名駕訓班，算一算，替他買機車、筆電、繳註冊費和住宿費，加上每個月的生活費，剛開學就要花費大約十幾萬元跑不掉。

他擔心地問我：「我和哥哥兩個人讀大學，你們要花這麼多錢，妳有錢嗎？

我需要去辦助學貸款嗎？」

我說：「哥哥的機車和筆電去年就買了，所以今年他不需要花錢。你有看到我房間櫃子上那個裡面裝了很多五十元硬幣的小罐子嗎？那是你們的教育基金。」

事實上，從孩子們很小的時候，我就有一個習慣，每天下班回到家後把身上所有的五十元硬幣丟到罐子裡，定期拿去存在他們的郵局戶頭，不知不覺中，已經累積了十幾萬。

去年哥哥上大學時，我在戶頭裡留了一些生活費給他，其他的錢領出來買筆電和機車，還綽綽有餘呢！

我和工程師雖然工作收入穩定，但是為了維持一個五口之家加上五隻貓的生計，每個月光是房貸、生活費，各項支出加一加，薪水也差不多花完了。

兩個孩子上大學的學費就要十幾萬，對一般的家庭來說是很大一筆開銷。幸

好，我很早就有憂患意識，在他們小的時候就開始教育基金，希望他們長大後可以安心讀書，不用像我一樣，高中三年的寒暑假都在打工，為了錢而煩惱。

兒子們上了大學後，我和他們說：「爸爸每個月會給你一筆生活費，用完就沒有了。所以你們要好好計算一下，每餐到底可以花多少錢？看到喜歡的東西，想想看是不是真的非買不可？究竟自己有沒有能力負擔？如果把錢都花光了，吃飯就成了問題。買不起的東西就不要買，尤其千萬不可以和別人借錢喔！」

我不斷耳提面命地告誡他們，**凡事做好準備最重要。身上的錢不能有多少花多少，要拿出一點來儲蓄，有急用的時候才不會手忙腳亂。**不是我愛嘮叨，而是用心良苦啊！

凡事做好準備最重要。

身上的錢不能有多少花多少，

要拿出一點來儲蓄，

有急用的時候才不會手忙腳亂。

在網路的虛擬世界中，
別高估孩子的自制力

有一次，我和工程師在鼻頭角步道健行，手機突然跳出一個訊息，顯示這個月的電話費高達四萬元！我看了嚇一跳，怎麼可能呢？趕緊找一個網路訊號好的地方查詢，一查之下才發現，從幾個月前開始，每個月都有幾千元，甚至上萬元遊戲點數，是透過我的信用卡扣款支付。

我第一個反應就是我的信用卡被盜刷了！再仔細查看，發現是哥哥使用的一支手機號碼，透過小額支付購買的，立刻打電話問他。他說因為之前點下去就能有寶物套餐，而且帳單不是直接寄到他的郵件信箱，他根本不知道自己點了多少。

由於前幾個月的電信費都是信用卡直接扣款，我沒有察覺，看到這次的帳單數字，才發現事情大條了。

知道事實真相後，我當然氣個半死，一邊走，一邊在心裡罵兒子。但是沿著海岸線，走了大約一個小時的山路，走到雙腿無力、滿頭大汗，我的氣突然之間就消了一大半。

我和工程師商量這件事該怎樣處理，工程師表現得十分冷靜。最後我們達成共識，錢沒了固然心疼，如果因此傷了親情，就太不划算了。

回到家後我和哥哥坐下來懇談，我跟他說，我們的經濟狀況不容許揮霍。

我也告訴他，在線上點選就是要付錢，一個月光是遊戲花掉四萬元，實在很離譜呀！

談了很久，他說以後不會再買了，還慎重地跟我說了句對不起。

哥哥從小就是一個不太喜歡花錢的孩子，他會把我們給的零用錢和紅包全部

152

都存起來，不像弟弟左手拿到零用錢，右手就拿去買鋼彈、模型，把錢一下子花光光！

基於信任原則，這次我原諒了他，他也信誓旦旦地說不會再犯同樣的錯。沒想到，過了一個月之後，我收到的電信帳單金額又是四萬元！其中不少費用是沒有主動取消就會自動扣款，還有一些是之前沒有出帳的，前後幾個月加起來超過十萬元。

看到這個怵目驚心的數字我才發現，我太高估了孩子玩手遊的自制力，即使是平常不太花錢的孩子，在網路和手機的虛擬世界裡，還是很容易迷失自己。因為購買手遊點數，不需要實際拿錢出來，對孩子來說就沒有花錢的痛感，很容易食髓知味，大買特買。

我除了鄭重告誡他不可再犯之外，立刻去電信局把手機小額支付的功能停掉。當哥哥十八歲當天，我也把自己的手機號碼過戶給他，每個月只給他基本通

話費，讓他自己去超商繳款。

　　藉由這個恐怖的十萬元事件，我想提醒家長們，如果孩子的手機號碼是大人的名字，記得要把手機小額支付、網路支付的功能停掉喔！

　　事後，我覺得自己好有修養，沒有發脾氣，也沒有一直拿這件事來數落兒子。

不管是大人還是孩子都會犯錯，
事情發生了，
就是好好地面對它，處理它。

所有挫折和經驗，
都會成為成長的養分

有位學生家長跟我說，她的女兒最近考上國立大學，讓她很開心，但是距離開學還有一段時間，看到孩子每天待在家裡無所事事，不是上網就是追劇，到底該不該讓她去打工呢？但又擔心自己的孩子從小沒吃過苦，能否適應外面的世界。

我告訴她，打工是另一種學習。算一算，從小到大，我打過好多工。

國小的時候，我們幾個孩子常常從住家附近的玩具工廠批塑膠花、玩具來加工，完成一個玩具五角，做完兩個一元，拼裝完一束花是三元，現在回想起來真

156

是不可思議，可是我們做得很開心，因為能拿到屬於自己的零用錢。即使做了三

天，一個人只拿到二十幾元，還是雀躍不已。

國中的時候，我跟著姊姊去冷凍廠剝蝦子，這個工作真是辛苦，因為蝦子很

冰，還常常會被蝦子刺到手流血，回到家以後全身的腥味，怎麼洗都覺得味道還

在。但是剝一公斤十元，動作快一點的話，一天就有兩百元，覺得好好賺。

高中的時候，週末我固定在基隆一家很有名的服飾店打工，裡面的櫃姐很會

搭配衣服，也很會說話，不管什麼樣的客人進門，她都有辦法讓客人提著大包小

包興高采烈地離開。

那段時間，我學習到一些跟客人對話的技巧。一開始我看到客人都會害怕，

不知道該說什麼，看久了，也能慢慢賣出幾件衣服。當時一天工作十二個小時，

要到晚上十點半才能下班，我們那個社區的公車早就沒了，只能搭公車到山下，

再走十五分鐘的路回家，常常回到家都已經快要晚上十二點了。

我去過大賣場當試吃員，在人來人往的商場裡吆喝客人來試吃，真是一大挑戰！不但要應付很多奇奇怪怪的問題，還要防止貪小便宜的人整盤端走，一天站八個小時，回到家腿都快斷了。當時一天的工資有八百元，原本以為很高了，有一天廠商來巡視，我們才知道，分派工作的人抽走了四百元。

我還去牛排館當過服務生，遇到的主廚脾氣非常壞，常常在廚房裡飆罵三字經。有一次某個客人一直嫌東嫌西，一客牛排端進端出三次，一下子嫌不夠熟，一下子又說肉太熟、肉的筋很多，主廚自然一直罵。重新做了一份牛排後，客人果然沒有再反映，但他要所有人在上面吐一口口水，他再淋上醬汁。雖然我做三天就因為手腕筋膜發炎而辭職，從此以後，去外面的餐廳用餐，我絕對不讓餐點再端進廚房，不想吃到口水牛排呀！

高中的時候，我申請在學校當工讀生，被分配到總務處打公文，我連電腦都沒有摸過幾次，怎麼可能會打字？我記得一個月的薪水是一千四百多元，為了工

158

讀費，我特地請讀台北商專的姊姊教我打字，每天午休時去辦公室吹冷氣、打公文，順便練習打字。這也打下了我現在打文章的速度超快，幾乎可以跟思考同步。

高中、大學寒暑假的時候，我曾去百貨公司賣年貨禮盒、中秋月餅，是個很特別的體驗。那是我人生中第一次感受到業績壓力，老闆用抽成的方式計算酬勞，業績好的時候，可以賺到學費和好幾個月的生活費。我還記得大一那年，為了賣完月餅好拿薪水去繳學費，開學三天後，我才到花蓮的學校報到。

大學的時候，我每天都安排了兩個家教。因為念幼教系又要修國小學程，我的課表幾乎每天都是滿的，上課到下午四點多，五點趕緊飛車到第一個家教的住處。晚上七點家教結束，又趕往另一個家教學生的家。

第二個家教學生的媽媽，體貼地留下晚餐給我。每次到他們家的時候，她都要我先吃飽飯再去看孩子們的功課；冬天的時候騎車冷到發抖，看到保溫後的飯菜，心都暖了。人在異鄉可以被這樣溫柔對待，真的是讓我一輩子難忘。只可惜

再回去花蓮時，已經找不到他們了，很遺憾沒能當面道謝。

在大學的時候，我沒有去看過一場電影，沒有去 KTV 唱過歌，放學後都在家教之中穿梭。雖然日子過得忙碌，當時的我並不覺得辛苦，家裡有六個孩子同時在讀書，我們的物質欲望一向都很低，能夠有一點屬於自己的零用錢就覺得好開心！能夠自己付學費和生活費，幫忙媽媽減輕一點家裡經濟負擔的壓力，我也覺得是理所當然的事。

回頭想想，在那個物資不充裕的年代，很多孩子都是這樣長大的。從半工半讀的過程中，我體會到賺錢不容易，更要珍惜自己所得到的。在打工時，我遇到各種各樣的人，學會了很多事情，許多現在具備的能力，都是從這些經驗中獲得的。我很感謝每一個給我機會、教育我的人，讓我成為現在的自己。

放手讓孩子去嘗試，體會努力付出得到收穫的美好，即使受挫也能得到寶貴的經驗。

我相信，

在人生中，所有的挫折和體驗，

有一天都會成為讓自己成長茁壯的養分。

青春的煩惱：
冒不停的痘痘

進入青春期後，孩子們最困擾的問題之一，就是臉上長了很多惱人的青春痘。

哥哥國中的時候因為長期睡眠不足，痘痘長滿了臉上，他常常會去摳、抓，所以不只發炎紅腫，也留下了疤痕。

從那時候開始，我每個月都會帶他一起去做臉，讓美容師幫他把摳到結痂的膿包清理乾淨，教他正確的洗臉方式。還好有及早處理，讓他知道摳痘痘的嚴重性，他開始懂得臉部清潔和保養，所以皮膚的狀況明顯好很多。

162

弟弟到了青春期，也開始長痘痘，但是只要一提到他的臉，他就會生氣。他對待痘痘的方式很粗暴，剛開始只長一兩顆時，他覺得摳掉就沒有了，沒想到越摳越嚴重，變成了難看的疤痕和暗瘡。

由於寒假時學校沒有服裝儀容檢查，他乾脆不剪頭髮，任由前面的劉海蓋到鼻子，上學時也總是戴著口罩，不想讓別人看見他的臉。

長期戴著口罩，讓他的痘痘冒得更多，額頭和雙頰的痘痘、痘疤交錯，看了讓人難過。而他對於自己的臉沒有自信，變得畏縮，就更不想出去見人了。

我好說歹說，終於帶著弟弟去找美容師，幫忙他把臉部角質層清乾淨、敷臉，教他如何正確洗臉，也買了青春期專用的洗面乳和乳液給他。

一開始進入美容室時，他臭著一張臉，做完臉後，終於笑著跟我說話。在回家的路上，我停在一家理髮院前，要他把頭髮剪一剪。他心不甘情不願地走進去，出來後，看到鏡子裡的自己，從一個不修邊幅的流浪漢，回到帥氣的少年，

心情大好。

媽媽說的話孩子不想聽，長得漂亮的美容師姊姊說的話，弟弟倒是聽進去了。晚上回到家，他立刻拿著洗面乳去洗臉！原來，媽媽念一百句，還不如美容師教一次，就能讓他懂得保養臉部的重要。

想要預防青春痘，就要正確洗臉、多喝水、少吃油炸的東西，以及擁有充足的睡眠。此外，保持心情愉悅也很重要。

青春期荷爾蒙的變化，帶來了外在的改變，也會影響到孩子的情緒。很多國高中生因為臉上長滿痘痘，開始分心，念不下書。有的孩子因為滿臉豆花而被同學開玩笑，取一些不雅的綽號，感到自卑。長青春痘沒什麼，但是身邊同學的態度很重要，如果經常被同學嘲笑自己的豆花臉，很容易導致情緒低落、覺得受傷，甚至視上學為畏途，開始拒學。

這些言語上的霸凌，往往會造成內心的陰影。雖然外表不是一切，但做父母

164

的別讓孩子任意對待自己的臉，把它摳成了月球表面；或是用各種方法藏住自己的臉，否則滿臉膿包、坑坑疤疤的時候就來不及了。

現在，兩個孩子都上大學了，我還是定期帶他們去做臉，把深層的暗瘡、新長出來的痘子全部一起處理，希望能讓他們更有自信地迎接多彩多姿的大學生活。

青春期荷爾蒙的變化，
帶來了外在的改變，
也會影響到孩子的情緒。

戀愛這檔事，
媽媽也是過來人

昨天哥哥跟朋友約了出去玩，工程師立刻緊張地問我：「是跟女生去約會嗎？現在談戀愛會不會太早了一點？」

我跟工程師說，我載他去會合，沒有問他是和男生還是女生碰面，只拿了零用錢給他，要他好好地玩。

工程師問我：「妳都不擔心嗎？」

「咦～有什麼好擔心的？我們不是高中就交往了嗎？」

工程師：「誰跟妳高中就交往？高中交男朋友的是妳這個壞小孩，我是大二

才交女朋友。」

以前國高中的時候，我爸爸管得很嚴，只要有男生打來的電話，一律被他惡狠狠地掛掉，掛掉以後還會痛罵幾句。

他管得那麼嚴，結果我還是高二就交了男朋友。那時，我跟工程師都不打電話，直接約在外面。

現在孩子身上都有手機，用臉書、LINE 就能聊天、交朋友，如果聽到他們要出去玩就開始一直狂問、禁止，根本擋不了！只會讓孩子不想跟我們分享任何事，做什麼事情都偷偷地來，遇到困難時也不敢求救，還不如平常就跟他們聊戀愛的話題，提醒他們一些跟異性相處時要注意的事情。

載哥哥去台北的路上，我從他喜歡的動漫女生角色開始聊起，聊到以前男生追我的時候，那些我最討厭的事情，像是約會時自己走自己的、吃牛排用筷子、隨意拿我的飲料去喝、夾我盤子裡的東西去吃、在我面前張口剔牙、付錢的時候

168

留給我結帳、連一塊錢都跟我計較，我不答應追求時對方的態度瞬間變得惡劣……

我說了好多過去的例子，讓他聽了瞠目結舌，也笑得很開心。

我告訴他，如果和女生出去一定要保持禮貌，那些我以為是普通朋友，或是還沒追到我卻有踰矩動作的男生，只會讓我產生反感，列為拒絕往來戶。

提醒他如果只是跟以前的女同學出去，不可以做出讓人誤會是喜歡的動作，如果真的喜歡對方，更要尊重她。約會時，不只要注意自己的言行，也可以從觀察女生的一些習慣當中，看出到底適不適合交往？

像是會一直要求要你買這個、買那個的女生，你得衡量一下，長期下來經濟上會不會無法負擔？面對一直亂發脾氣、有公主病的女生，你得想一想，是不是想要跟她長久在一起？

還有，把髒話當發語詞的女生雖然外表長得美，是不是你真心想要的交往對象？

最後，我告訴他，他已經長大了，凡事要想得更周到，交女朋友時一定要

想到後果。以前我有位高中同學因為偷嘗禁果而被迫結婚，他的年紀跟哥哥差不多，就必須放棄學業去工作賺錢養家、養小孩，實在很辛苦。如果他不想這麼早當爸爸，就得要管好自己的行為。我可不想這麼早當阿嬤，我有自己的工作要忙啊，絕對不會替他帶孩子。

平常我跟孩子之間百無禁忌，幾乎沒有不能談的話題，我該說的、該提醒的都說了，剩下的就是孩子自己要思考和拿捏的了。**關於戀愛這檔事，我希望能和孩子冷靜和平的討論，而不是為了反對而反對，否則孩子可能會因為叛逆而去做一些被父母親禁止的事。**

有次回雲林看公公婆婆，閒聊時，談到兒子們的學習狀態，公公說要慢慢來，等他們知道讀書很重要時就會全力以赴了。

公公提起，工程師在大一時成績不太理想，到了大二開始努力讀書，成績突飛猛進，幾乎每學期都領到獎學金。

170

我跟公公說：「啊～我知道關鍵是什麼了！他大二那年認識了我，跟我交往以後豁然開朗，讀不懂的都會了，成績當然進步啊！」

我經常和工程師說，我鼓勵兒子們早點交女朋友，不僅可以讓成績進步，還能開拓視野，願意踏出家門，兩人手牽手一起去欣賞各地的美景，多棒！

工程師不懂，為什麼我要一直鼓勵孩子談戀愛？

我說：「因為跟你談戀愛的那段時間，是我人生中最美好、最難忘的一段時光，我很希望孩子們也能找到那個能跟他們一起看風景的人。」

我知道很多父母知道孩子談戀愛時會強力反彈。想當年我也年輕過，被很多人追過，可以了解孩子情竇初開的心情。但我這個做媽媽的會不會想太多了？

其實兒子只是跟男同學出去玩啦！

關於戀愛這檔事，
我希望能和孩子冷靜和平的討論，
而不是為了反對而反對，
否則孩子可能會因為叛逆
而去做一些被父母親禁止的事。

喜歡一個人，
更要尊重對方的感受

「下課的時候，我最喜歡站在走廊上看他打球，真的好帥喔！為什麼我看到他跟別的女生說話就生氣？到底要怎樣知道他是不是也喜歡我呢？」下課後，一個女學生突然跑來找我，問了我一連串問題。

高年級的孩子進入青春期，有喜歡的人很正常，但是遇到喜歡的人，該怎樣處理這種怦然心動的感覺？很多問題在教科書上面找不到答案，卻困擾著這些情竇初開的小大人。

我曾經遇過一個五年級的小女生，喜歡上六年級的學長，每節下課都站在走

廊上癡癡望著學長打球，有時還會尖叫連連！在球隊裡，她緊追著學長的身影不放，在班級的LINE群組裡，猛放學長的照片。這種追星行徑實在太明顯，不只讓同學反感，也讓另一位喜歡學長的學姊跑到教室來認識她。

喜歡一個人想讓對方知道，希望讓對方也喜歡自己的心情，我也曾經有過。

但是，我告訴她：「我們要尊重學長的感受，他是一個低調安靜的人，妳讓他突然變成大家議論的焦點，他當然不開心呀！妳只要一出現，旁邊的人就開始笑鬧，妳有沒有看到他臉上尷尬的表情？」

一個人單方面毫無掩飾的表達愛意，難免會成為大家談論紛紛的話題。這學長個性害羞又靦腆，對於傳來傳去的流言感到很困擾，一看到她就躲起來，最後就連朋友也做不成了。

整個五、六年級因為這件事情鬧得沸沸揚揚，後來我把幾個孩子找來談，才讓這齣差點演變成霸凌的事件落幕。

國中的時候，有一個學長喜歡上我，我卻連他的名字都不知道。我們住在同一個社區，他每天放學後，一邊走一邊跟同學笑鬧著，但我可以清楚知道他就跟在後面。有時他看著我進家門後，會爬上我家的樓頂，在我住的二樓房間上方踏步，讓我知道他在上面。有時他還會爬到我房間對面的樓頂，趴在圍牆上注視我的房間，對著我的窗戶大唱情歌。

有一次我去樓頂，赫然發現他在地板上用粉筆畫了好多不堪入目的Ａ圖，上面標註了我和他的名字，那時才國一的我，第一次看到這樣的畫面，嚇死我了！從此看到他就覺得恐懼，待在房間裡也有種隨時都被監視的感覺，不知道在樓上還是對面，是否正有一雙眼睛看著我。

那個男生還會透過同學來跟我借課本，我不知道是他借的，結果拿回來後發現上面畫了滿滿的Ａ圖，又標上我和他的名字。每次經過他們教室的時候，他的同學都會起鬨，大叫我的名字，讓我尷尬極了。

那時學校有個女同學喜歡上一位國三的學長，並且寫情書給他，結果情書被貼在布告欄上，她和學長都被罰站在訓導處門口，一時之間成了全校的笑談，所以我不敢把自己遇到的事情告訴老師。

爸爸對我們的管教一向很嚴格，有一次爸爸看到他在樓頂畫的圖，氣急敗壞地想打我，問我為什麼學長會這樣畫？他為什麼不去畫別人？我是不是在學校做了什麼？為什麼他會在對面樓頂上唱歌？

我怎麼知道？我也不願意呀！實在是有苦難言。所以就算那男生繼續跟著，又到對面樓頂上盯著我，我也不敢告訴爸爸，深怕又惹他生氣。

每天生活在恐懼中的我，房間的窗簾二十四小時緊閉著，只要看到他跟在後面就好害怕，生怕哪天他會對我做出不堪的事情。

有一天，我終於鼓起勇氣告訴學長，那些舉動讓我很困擾、很反感，成了同學之間的笑柄，好幾次都快被我爸爸打，請他可以停止嗎？還好，他從此就放棄

跟蹤我了，也沒有其他報復的舉動。但是，這段過程仍然在我的青春期留下了一道陰影。

在課堂上，我把這個經驗告訴孩子們：「喜歡一個人是正常的，我們會欣賞某些人的特質，但是喜歡的方式要尊重對方。用這種跟蹤、偷窺、緊迫盯人的方式，只會讓人厭惡和恐懼，完全不想理他。當時如果我報警的話，他還會有法律責任。如果遇到有人用你不喜歡的方式追求你，請你告訴老師，告訴你的父母，我們會幫助你。如果長大以後遇到這樣的人，一定要很小心，避免單獨出入，要跟家人求助，甚至報警。」

喜歡一個人是很自然的事，

但是會令人感到恐懼的，絕不會是愛。

只在乎自己的欲望，而不在乎對方的感受，

其實也是一種自私的行為。

和孩子談性不羞恥

有好幾位媽媽網友問過我，該如何面對孩子偷看 A 片這件事？

還記得第一次發現兒子偷看 A 片時，我超震驚的！非常緊張也很生氣，擔心他會上癮，擔心他變成變態。我不但嚴格禁止，還沒收了兒子的手機。

後來我想起國中時手機還沒有問世，下課時，一堆男同學會湊在一起討論，某個同學的父母這個週末不在家，要一起去他家觀看 A 片的往事。仔細想想，男生到了國中會對「性」感到好奇，或許是很正常的事。

我問一位朋友讀大學的孩子，國中時有沒有偷看過 A 片？

那個大哥哥臉紅地說：「看Ａ片很正常呀！我們都是燒成光碟，同學間傳來傳去，躲起來看，不看的比較奇怪吧！哈哈！」

最後我跟兒子說：「對性感到好奇是正常的，但是你要記得洗手，要保持乾淨，也不要看得太頻繁，我很怕你精盡人亡……」

和許多父母一樣，原本我避開談性這個話題，可是既然孩子已經進入青春期，現在網路資訊又這麼發達，隨便輸入幾個關鍵字，就可以找到Ａ片或是爆乳女優的照片。如果不灌輸孩子正確的性教育，倘若他在網路上看到一些偏差的行為，又沒有及時導正，反而會有不好的影響。

所以，我不再把性當作禁忌話題，而是提醒兩個兒子，和女生交往時要尊重對方，小心兩性之間的碰觸，還有一時性衝動，可能會造成法律、懷孕和性病的問題。我也會把新聞事件當作機會教育，讓他們知道，一旦控制不了自己的欲望時，可能會帶來什麼樣的後果。

做媽媽的跟孩子談性，不是一件羞恥的事。如果現在不談，以後連提醒他們的機會都沒有了。所以，別把性教育交給網路，否則我們不知道孩子看到的、學到的是什麼。

關於性教育，做父母的不妨以輕鬆的方式跟孩子聊聊，循序漸進地灌輸孩子正確的觀念和態度。若孩子願意和父母一起討論這方面的問題，以後遇到問題和困難時才會主動開口求助。

哥哥念高中住校時，有一次，我心血來潮問他：「你有沒有交女朋友？」

他說沒有。

我跟他說，要趁著年輕的時候好好談戀愛、失戀，他笑了起來：「哪有媽媽希望兒子失戀的？」

我說：「失戀是正常的，哪有人像你爸爸一樣，第一次談戀愛就遇到我這麼棒的人！」

此外我也告訴他，遇到不適合的對象，趁早分開是一件好事呀！相反地，如果遇見喜歡的女生就要主動去追求，不要讓緣分就此錯過了。

「你的女朋友以後可能會變成老婆，跟你相處一輩子，跟你一起奮鬥成家。什麼樣的人可以跟你一起努力、跟你生活，你自己最清楚。我們以後不會住在一起，所以你覺得可以跟她相處最重要。只要你喜歡，我們都尊重，也會盡力去喜歡她。」

「媽，妳會不會想太遠了！」

我說不會，「你都這麼大了，以後上大學交女朋友是很正常的事。有了女朋友，難免會有親密的行為，一定要在兩情相悅的狀況下發生才行。對方的意願很重要，千萬不可以一時衝動去勉強對方。你們這個年紀還不適合懷孕，一定要做好避孕的措施。」

哥哥說：「性行為這件事本身沒有問題，要考慮的是對象、年紀和地點，以

182

及後果，要想很多。」

「你這樣想就對了！把可能會發生的事情想清楚，做好準備，才不會造成沒辦法收拾的結果！違法的事情不能做，勉強對方的行為不能做，保護的工作一定要做周全，一定要謹慎小心呀！」

我繼續說道：「如果你老婆以後跟我合得來，你可以常常帶她回來；如果她跟我合不來，就不用勉強帶回來，她只需要對你好就好。但你是我兒子，要找時間回來看看我。」

哥哥說：「我又還沒找到女朋友⋯⋯」

就是這樣，才要提醒交往時要注意的事啊！等到孩子有了女朋友，所有的心思都在她身上，整個人沉浸在戀愛的甜蜜中，什麼話都聽不進去吧！

做媽媽的跟孩子談性，

不是一件羞恥的事。

如果現在不談，以後連提醒他們的機會都沒有了。

所以，別把性教育交給網路，

否則我們不知道孩子看到的、學到的是什麼。

防止孩子掉入
網路戀情的陷阱

隨著網路的四通八達，孩子的交友範圍已不限於周遭生活圈。而網路交友軟體和社群平台盛行，也造成了一些社會問題。

這兩年新冠疫情蔓延，很多學校將實體課程改成了網路授課。我接到幾位媽媽的訊息，說她們的孩子開始上網課後，常常躲在房間裡玩手機，不知道孩子是在學習還是上網聊天。

有一天，一位媽媽檢視國小高年級孩子的手機時才發現，裡面有孩子自拍的裸照。

原來，女兒在網路上認識了一個異性，經常對她甜言蜜語。雖然沒有見過面，但是兩人以老公和老婆互稱。釣了她一陣子以後，對方要求女孩拍胸部和下體的照片給他，「老婆，如果妳喜歡我，就拍給我看。」「如果妳不給我看，就代表妳不愛我……」情竇初開的女孩聽了，立刻就拍下裸照傳給他。

家長發現不對勁，用女兒的手機跟對方詢問了兩句，他立刻封鎖帳號，從此人間蒸發。這位家長很擔心女兒的照片不知道會流落何方，感到不安。

另一位媽媽說，她發現女兒的同學們在小群組裡開玩笑地自拍互傳，我請她趕緊通報學校，攔阻這些照片外流。

務必查出是否群組裡的孩子把照片外傳，傳到了哪裡？有沒有任何人誘騙孩子去做這樣的事？當學校通報之後，警方可以透過手機裡的紀錄追查。但有些家長發現這樣的狀況後，擔心孩子留下紀錄，傳出去會很丟臉，所以選擇息事寧人。

186

如果不法組織透過這種方式來誘騙孩子自拍裸照，沒有被找出來移送法辦，受害的孩子就會越來越多。

平常妹妹的上網狀況我很注意，要求她跟我一起在房間或客廳看影片，盡量不讓她單獨使用手機，也很注意她看的是什麼內容。

我跟妹妹說：「如果有人跟妳說喜歡妳，要妳用手機拍下胸部或是尿尿的地方、屁股，絕對是壞人！真的喜歡妳的人不會說妳不拍就不喜歡妳，這些部位都是很私密的，正常人不會要求妳這樣做。如果有人這樣要求，妳一定要趕快來跟媽咪說。」

如果在學校，老師透過孩子的神情、跟同學的對話、跟平常不一樣的行徑，或是同學打小報告，往往可以看出孩子的異常。可是，遇到停課或是暑假孩子都在家時，老師也幫不上忙，就只能靠父母多注意了。

網路是個光怪陸離的世界，
我們無法掌握孩子在網路上面
看了什麼、學到什麼，
只能盡量灌輸孩子正確的觀念；
平時多注意孩子的交友狀況、情緒起伏
和日常行為，才能及時發現問題，
避免孩子掉入充滿誘惑的陷阱。

與其擔心，
不如帶著孩子一起做

哥哥考上大學後，我替他報名了機車駕訓班，他興趣缺缺。我和工程師去他的學校逛了一圈，發現沒有車子行動真的很不方便，他才勉為其難地去考試，最後也順利拿到機車駕照。於是，工程師跟朋友買了一部二手 150 機車給他代步，約好第二年把這部舊車給弟弟騎，我們再替他買新車。

弟弟去年也上了大學，拿到駕照以後，看到工程師騎回來的輕檔車很帥，興致勃勃地說他也想要騎這部車。

我跟他說：「這部車子很小，你的身高一百八十五公分，騎這部很像玩具

車，後座太小沒辦法載女朋友，而且你還沒有真的在路上騎過車，實在太危險了！」

他說：「去學就好了呀！我看爸爸騎，應該不難。」

我和工程師一直都有共識，小孩有想學的事情，我們就帶著他們去學。很多家長擔心孩子騎檔車太危險，但他們騎車是遲早的事，與其到學校跟同學借車子騎，倒不如用自己的車，在安全的地方學習，做父母的還能教導他們正確的駕駛規則。

我自己在高中時曾經瞞著父母親，花掉所有打工的錢，偷偷買了一部二手摩托車Dio，才開始學騎車。沒多久，為了閃避一隻在馬路上突然竄出來的小狗而摔車，跛腳了半個月才好，最後還得借錢去修車。現在回想起來，真是替自己捏了一把冷汗！

弟弟開始學騎車後，一下子就抓到換檔的技巧，不過轉彎、降檔還需要多練

190

習。因此，我苦口婆心地告訴他一些要注意的地方。

「我的方法都對，怎麼可能會熄火？」弟弟說。

我告訴他：「有很多事情只能意會無法言傳，沒辦法把每個細節都說清楚。對我來說，騎檔車就像呼吸一樣，感覺快喘不過氣時就換檔，換了以後會覺得呼吸順了一些」。就是要不斷的嘗試和練習，才能感受到車子想換氣的感覺！」

工程師鼓勵地說：「多練幾次，下次去社區旁邊的山路練上坡起步和轉彎，再騎小綿羊熟悉一下路況，這兩個月學會了，用 MSX 代步應該不難。」

結果，弟弟第一次自己騎車出門就摔車，對騎車有了恐懼。原本他和哥哥吵架，冷戰了好幾個月，暑假常常一起出門騎車吃飯後，感情變得很好。

暑假那兩個月，我只要中午不在家，哥哥就會約弟弟一起騎車繞過山頭去吃麥當勞，帶著他慢慢騎，慢慢練。

哥哥說：「我都會趁弟弟心情好的時候，提醒他要注意的地方。如果一直

講，他會覺得煩。每一次騎車出去吃飯提醒他一個地方，他就不會那麼反感，現在他已經騎得很穩了。」

當哥哥跟我說也想騎檔車時，我一點都不訝異。我跟工程師交往以後，他就騎檔車載著我，全台灣走透透。當時我們約定好，以後要一人騎一部重機去環島，現在工程師也有一部大型重機，常常騎著它去兜風。

很多人覺得騎檔車容易飆車，十分危險。但是我們一直都有騎重機呀！所以覺得男孩想學騎檔車是很正常的事。

當初為了陪兒子練車，我去考了普通重機的駕照，也買了一部檔車給自己。

我每天凌晨四點起床，趁著路上沒有車時去練習紅燈起步、熟悉路況，一個人騎到山上去，練習過彎。

平常兩個兒子都超宅的，假日幾乎都關在家裡，睡到中午才起床。以前約他們出遊，超難約的。但是哥哥學騎檔車後，凌晨四點多，揪了弟弟跟我出門了好

192

幾次。我們一起騎車去外木山、平溪、萬里龜吼日出亭看完日出後，再去吃早餐。

假日，我刻意跟他們約在金山、萬里、濱海公路上的餐廳吃飯，他們也願意騎車同行。騎車出遊時他們的心情放鬆，可以好好地聊天對話，整個暑假我們的相處超愉快的。

沒想到陪兒子們騎車的效應這麼大，讓兒子們願意出門去看風景吃美食，也拉近了彼此之間的距離。

原來，一個小小的改變，
就可以改變整個家的氛圍。

替被孤立的孩子
撐起一把保護傘

哥哥讀國中的時候經常髒話連篇，讓我很憂心，因此詢問了一位朋友的意見，她的家裡也有一個處於青春狂飆期的男孩。

朋友問我：「只有他說髒話嗎？還是他四周的人都說呢？如果連教練罵學生都用三字經，所有同學開口閉口都是髒話，妳要怎麼期待孩子不說髒話呢？」

高一住校的時候，哥哥常常生病，上課睡覺，我問他晚上為什麼不早一點上床睡覺？他說整個寢室的同學都打電動玩到凌晨一點，燈火通明，要怎麼睡？因為睡眠不足、練球又很疲累，每個人上課都在睡覺，久了之後老師也無心上課。

在這種情況之下，不睡覺的話，要做什麼？

在一個沒有讀書風氣的地方，要孩子獨善其身，懂得自律和自動自發地學習，談何容易？我捫心自問，自己應該也做不到吧！

青春期的孩子老愛說要做自己，特立獨行。雖然他們嘴巴上說不在乎，其實最在乎的就是同儕的看法。如果能夠得到他們的認同，就覺得安心。

有一次哥哥告訴我，他從來就不喜歡孤單一個人，也不想要被大家討厭。可是，在他被同儕孤立的那段時間，他對於自己的人際關係，實在是無能為力。雖然他的心裡其實是很徬徨無助的，又不知道該怎麼辦才好，只有在內心築起一道保護牆，讓自己對所有事情保持冷漠，才不會受到更多的傷害。

哥哥轉學到新的學校後，班上的同學對他都很友善，他和同學之間互動頻繁，下課時還會一起討論功課，總算讓我鬆了一口氣。

上大學以後，哥哥就沒有剪過頭髮，上次回來時劉海都蓋住眼睛了，我忍不

住建議他：「要不要趁這次回家，去你常去的店剪一下？」

他說：「不要！我不要剪，要留長頭髮，然後綁起來。」

我實在很難想像他留長頭髮的樣子，但是也只能默默接受了。

結果他才回學校三天，就 LINE 傳訊息給我：「我剪頭髮了！」

原來是學長要去剪頭髮，問他要不要一起去，他就跟著去了。看來，同儕的力量真的很大！

原本超宅的他上了大學後，交了新朋友，個性有了明顯的改變。他變得正向思考又開朗，會和同學一起去旅遊、參加聖誕隊聚，一個禮拜有三天晚上還和朋友相約去打球。

孩子在就學期間，同儕和環境的因素影響很大，遇到不友善的同學或老師，我會試著和他們溝通看看，能不能想辦法改善現況。如果孩子繼續處在這個環境之中還是覺得痛苦，換一個環境，說不定就能讓孩子好好過下去。

我的作法是把孩子找來聊聊，一起討論要繼續在原來的班級努力？還是轉學？我尊重孩子的選擇，但也事先講明，做了每個決定之後所要承擔的責任是什麼。在轉換環境前要先讓孩子做好準備，想想跟同學或老師產生摩擦的原因，應該改變的、該注意的都要想清楚，到了新環境就要提醒自己，避免重蹈覆轍。

孟母三遷絕對有它的道理，讓孩子在友善的環境中學習，不必耗盡心力去抵抗外界的紛紛擾擾，心情才能平靜，書也才能讀得下去。

青春期的孩子老愛說要做自己，特立獨行。

雖然他們嘴巴上說不在乎，

其實最在乎的就是同儕的看法。

如果能夠得到他們的認同，就覺得安心。

不完美又怎樣！
生命總會找到自己的出路

念小學的時候，常常有男同學嘲笑我的聲音，他們會故意壓低聲音，做沙啞效果來學我說話。那些難聽的聲音、誇張的表情，常常都讓我覺得無地自容。

雖然這些臭男生很討厭，可是我又無力制止他們的頑皮行徑。

國小時，我跟著大家去報名合唱團甄選。甄選那天，音樂老師教了幾次用肚子唱歌後，要大家跟著唱，唱到一半，老師突然走下台，巡著巡著，突然站在我面前，「啪！」的一巴掌打過來，「叫你用肚子唱，你是聽不懂嗎？聲音這麼原始，怎麼唱歌，你不要參加了，你回去！」

所有的同學都目瞪口呆地看著我，帶著臉上巴掌印哭著離開。那是第一次，我發現原來自己的聲音難聽到這種地步。從那時候開始，原本很喜歡唱歌的我也不敢再唱了。

當了小學老師以後，第一個職務就是生教組兼導師，不管在教室或是全校集會，都得要大聲說話，透過廣播，我的聲音似乎更低沉、沙啞了，所以我很不喜歡用麥克風，聽到自己的聲音覺得很不好意思。還有一年級的孩子直接對著我說：「老師，你的聲音好像妖怪……」

有一次我跟在網路上認識很久的網友見面，才一開口，她就說：「看妳長得水水的，聲音怎麼這麼難聽，好可憐！」

因為天生的不同，就必須接受那些不經意的玩笑、惡意的傷害和歧視嗎？這讓我覺得難過又不平。

由於妹妹的緣故，我開始推廣融合教育，跑遍全台灣，進行了四百多場演講。一開始我很擔心，這種破鑼嗓子要怎麼去演講呢？老師們會不會因為我聲音

太難聽就不想聽？但是為了宣傳融合教育的重要，我還是勇敢站上台。幾場演講下來，我發現，聽眾不會因為我的聲音難聽而離席，但是會因為我的真心而留下來，不會因為聲音難聽而少一些感動。

在妹妹兩歲時，我重返校園就讀研究所，在寫論文的過程中，我看了很多身心障礙照顧者寫的書和文章。看到別人的經歷，我一邊落淚一邊鼓勵自己，即使是情況這麼嚴重的孩子，他們的父母都不放棄，幫助孩子進步這麼多，我又怎能輕易放棄呢？

從那時開始，我把自己的經歷在臉書上一點一滴地記錄下來。當年大學聯考國文沒有低標的我，不但寫了十年的文章，還出了六本書。

我的人生經歷有這麼多的挫敗，但很多的不可能，在經年累月的努力後都成了可能；現在回頭去看，每件發生的事情都有它的意義。**我相信生命會找到自己的出路，孩子也是一樣，那些獨特的生命，也會帶來不一樣的人生。**

202

我相信生命會找到自己的出路，

孩子也是一樣，

那些獨特的生命，也會帶來不一樣的人生。

幫助有「被討厭的勇氣」的孩子，找出被討厭的理由

記得哥哥念國中時，有天跟他閒聊，他說有個同學經常都不帶衛生紙，老是到處向人借，他的衛生紙就被借了很多次。尤其前陣子這位同學感冒，一整天下來，衛生紙就被抽去了半包。

有些人對這種行為不以為然，當那位同學要借衛生紙的時候就會斷然拒絕。

有人問他為什麼不自己帶？可是那同學依然故我。兒子一開始並不介意，但是長期下來，還是令人不太開心。不過，下次看到那位同學紅著鼻子擤鼻涕時又覺得於心不忍。

204

我跟他說：「沒關係，既然你決定要借他，就不要放在心上。如果衛生紙用完了，再帶一包去學校就是了。」

他連續提了這件事好幾次，還義正詞嚴地說：「不管是誰，都不喜歡別人長期占便宜的行為。」

我告訴兒子：「乾脆你帶一包衛生紙給他，告訴他，這一包送給你，以後可不可以不要再來抽我的？」

兒子突然愣住，張大眼睛地說：「妳怎麼會這樣處理？這樣很尷尬耶！我跟他的關係就毀了！抽個衛生紙而已，不用撕破臉吧？」

「哇！不是你一直抱怨嗎？既然讓你這麼不開心，我們就想個一勞永逸的辦法呀！」

他說：「也不能用這種方式，要用婉轉一點的方式。」

我尊重哥哥的想法，並且告訴他：「你另外帶一包衛生紙專門讓他借，就當

作是送他的，一包留給自己用，這樣心裡就不會不舒服啦！」

他說：「這樣好耶！就當作是抽他自己的。」

記得幾年前，班上有個成績和各項表現都很優異的孩子，有天下課時，我看到一位同學拿著課本去找他，結果幾分鐘後，卻聽見那孩子大聲的說：「拜託你以後不要再來了！」

我在下課吵鬧的背景音下清楚聽到這句話，可見說得多大聲。我立刻把那孩子找來，問他：「你為什麼這樣說？」

「他問很久，耽誤了我的下課時間。」

我說：「可是，你當眾告訴他以後不要再找你幫忙，會不會讓他很難堪？」

同學點點頭。

「他是一個認真的小孩，又很信任你，知道你的成績很好，所以才會來拜託你幫忙。你這樣說，不只讓他難堪，也讓其他人以後不敢來找你幫忙，對嗎？

206

我知道你喜歡看書，下了課很想看課外讀物，你覺得怎麼拒絕他才不會讓他難堪呢？」

我跟全班的孩子分享，國中的時候，我對數學很有興趣，遇到不會的問題，馬上去問同學。有一次，我問了一個成績很好的男同學，他竟然大聲地說：「沈雅琪，妳不覺得自己很丟臉嗎？妳姊姊成績那麼好，妳怎麼連這個都不會……」都經過三十年了，為什麼他說的每一個字，我都還記得？因為當下覺得很丟臉。

所以，我們每個人說話的時候都應該更謹慎。如果你不希望從別人口中聽到殘忍的話語，說話時更應該保持善良，多站在別人的立場想想再說出口。

我把問問題的那個孩子找來，問他：「你被當眾洗臉，有什麼感覺？」

他說：「沒什麼感覺，以後不要問他、不要理他就好。」

我說：「不對，我覺得你應該要有感覺，應該要想想看，他為什麼這樣說。

他講話很直接，但我想那可能是他真實的感覺。當我們一直去問同學問題的時

候，真的會耽誤到別人下課玩耍的時間，又不好意思跟你說。那你覺得應該要怎麼改善這個狀況呢？

我有發現你不是不會，是遇到比較複雜的題目，立刻就去問同學。下次可以先試著思考看看老師上課時教的方法，自己寫寫看。多做題目也能讓你更了解以後遇到類似的題目時該怎麼解題；如果真的遇到不會的題目，可以拿來問我。」

同儕之間的互動很重要，而孩子不當的說話方式也常常影響到校園裡的人際關係，卻不自知。這位成績好的孩子，習慣這樣直來直往的說話方式，不知不覺中得罪了一些人。如果這個孩子在班上有影響力，也會讓其他人用同樣的態度去對待問題的孩子。

那位拿著問題去詢問同學的孩子，對什麼事情都無所謂，即使被當眾拒絕也覺得沒關係，更不會知道別人為什麼不喜歡自己的原因。唯有引導他去思考別人對待他的方式和態度，才能改善自己的問題。

也許這是教室裡經常會出現的小事，但是小事不處理，慢慢地就會變成大事。教室裡的一舉一動都是學問，我們不只尊重孩子的選擇，也要帶著他們去學習做出善的選擇。

同儕之間的互動很重要，

而孩子不當的說話方式

也常常影響到校園裡的人際關係，卻不自知。

當孩子不必用言語武裝自己，
就能看到他們本來的模樣

兒子剛上國中時，在生氣的時候會口不擇言，幹字連連，我實在聽不下去，但是不會跟他對罵，也不會在他生氣的時候，急於糾正他。

等到他情緒緩和的時候，我跟他說：「如果我生氣的時候也一直對著你說幹，你覺得開心嗎？你有沒有發現我和爸爸不管多生氣，從來沒有用這些字眼來罵過你們？」

有時跟他們聊天時，我也趁機分享自己在學校遇到的一些狀況，告訴他們：

「其實我們每個人都有自己的壓力，今天我被校長叫進校長室怒罵，你有感覺到

我現在真的很生氣嗎？如果我在上班時遇到不開心的狀況，回來就把怒氣發洩在你們身上，你們會不會覺得自己很倒楣？」

在班上，我也經常和孩子們說：「你不希望別人怎樣對待你，就不要用同樣的方式對待別人。」希望大家都能夠設身處地地想想別人的感受。

適時地教育孩子很重要，我們都不希望培養出只會抱怨、批評的孩子。

哥哥上了大學後，有次送他回學校的路上，聽他說了很多之前叛逆期的想法。那時候我們覺得他無理取鬧，覺得他任性，原來是不理解他的想法和感受，難怪他會生氣。

當孩子脾氣一來，在一時衝動之下，往往會脫口而出無法挽回的氣話。所以在情緒當下別急著和孩子說道理；不要只看到孩子外在的叛逆，要直視他們的內心。**當孩子不需要用尖銳的言語和防衛的態度去武裝自己時，就能看到他本來的模樣。**

朋友說她十六歲的孩子，每次只要跟她說話時都很尖銳，有時還會當著大家的面，毫不留情面地頂撞她，甚至口不擇言的詛咒別人。

我問她當下怎麼處理？她說一定重重反擊，找機會罵回去。

或許她和孩子之間的架吵贏了，卻也失去了寶貴的親情。

人際互動就像是迴力球，我們用多大的力量擊出去，反彈回來的就會是同等級的殺傷力。

即使在孩子脾氣最暴躁的那段時期，我也從來不曾用尖酸刻薄的語氣或是攻擊的方式跟孩子對話。當孩子有情緒時，我會冷靜下來等待時機，等他氣消了以後再找適合的時間跟他討論，並且反問他，「你一生氣就口不擇言，如果我也用同樣的方式罵你，你接受嗎？」

當一個人處在情緒的高點時，絕對不是溝通的好時機；當孩子不用像刺蝟一樣防備，才能好好地聽進我們所說的話。所以，教導孩子管理自己的情緒前，請直視他們容易受傷的心。

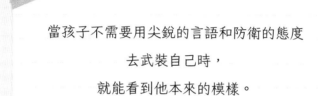

當孩子不需要用尖銳的言語和防衛的態度

去武裝自己時，

就能看到他本來的模樣。

孩子是獨立的個體，
有屬於他們的人生風景

以前我總覺得做什麼事都應該全家人一起，總是想把最好的留給孩子。自己一個人吃到什麼美食、看到什麼美景都覺得遺憾，沒能跟家人共享。

為了讓工程師也能看到我眼裡的美景，我曾經約了晚睡的他凌晨去外木山看日出，結果假日他昏睡了一整天，哪裡也去不了。我們作息時間不一樣，硬是要對方配合，好意變成了壓力。

兒子們從國小一年級開始，週六要練球，所以我會趁著星期天放假，帶他們出去走走。

孩子小的時候，去哪裡都黏著父母，我們也習慣帶著他們一起出遊。可是，上了國中以後，哥哥說想留在家裡休息，問我可以不要去嗎？

我說：「這是全家人的活動，好不容易放假時可以出去走走，花蓮這麼美，為什麼不想去？」

有什麼好看的？」

在兒子的眼裡，那些好山、好水，真的好無聊。硬是把他們帶出門的結果是一上車就睡覺，不管吃什麼都沒興趣，去哪裡都沒意見。

當我驚呼窗外碧海藍天的美時，兒子告訴我：「就是雲、海和幾棵樹，到底

我們下車拍照看風景時，他們寧可留在車上睡覺，也不願下車走走。整個旅程弄得他們不開心，我也很痛苦。

有次我開了六個小時的車帶全家人到台東看熱氣球，回來後跟大家說起這趟旅程，心情興奮又激動，弟弟卻說：「累死了！開那麼久的車子，就為了看幾個

氣球，有什麼好玩？」

我們花了很多錢去賞鯨，哥哥則說：「幾條魚跳來跳去，要看什麼？」堅持不走出甲板。

於是總是熱臉貼冷屁股的我，不再勉強他們同行，只在規劃行程時順便問他們一聲，要不要一起去？

如果他們不去，多出來的預算就讓我和工程師這趟旅遊升等，可以吃更多好料，住更高級一點的民宿。

等到兩個兒子年紀大到可以獨自在家後，我們決定尊重他們的意願，全家人出去吃飯時盡量找選擇多一點的賣場，讓他們可以去買自己想吃的東西。規劃旅遊行程前，先問他們要不要去？完全不需考慮他們的需求，更隨興自在，不用看他們無聊不耐煩的表情，也不用顧忌吃不了辣的哥哥。

上次全家人出國去日本玩，我訂了同一間飯店，以及富士山一日遊的共同行

程。工程師給了兒子一些錢，要他們自己規劃其他三天的行程，上網研究怎麼坐電車，買想要的東西。其他的時間，工程師就帶著我和妹妹到處走走、逛逛。

喜歡窩在家玩手遊的兒子，到了東京想逛的只有秋葉原和台場，想買的只有球鞋，如果那五天大家一起走，弟弟去秋葉原三次，我大概會瘋掉吧！而我們每天走十幾公里的路看風景，他們應該也會爆炸！當我們很興奮地去燒肉名店吃飯、用臉書打卡，他們卻寧可吃十分鐘就可以填飽肚子的吉野家，也只能任由他們去了。

想想我自己在高中前，每天坐車上學就會看到海，沒有太多的感覺，甚至不會多看一眼。自從跟工程師談戀愛後，騎車到任何一個海邊，看到夕陽、浪潮，都能讓我感動不已！潮起後落下來的不是海水，而是滿天的愛心。

我想，兒子們不是不願意欣賞美景，而是吸引他們去欣賞的人還沒出現，那個人一定不會是我。

218

人家說老來伴，或許老了之後，就只剩下我跟工程師在人生旅途中慢慢走吧！而在教養孩子這條漫長的道路上，**把孩子當作獨立的個體，不干涉他們的選擇，是我從他們身上學會的功課。**

有些人生風景，孩子必須自己去經歷才能有所體會。父母不要用過去的經驗和教條來限制孩子，或硬要孩子接受自己的想法，和孩子相處時秉持互相尊重的原則，剩下的就是他們自己的選擇了。我只希望他們能夠選自己所愛，愛自己所選。

把孩子當作獨立的個體，

不干涉他們的選擇，

是我從他們身上學會的功課。

不自由的媽媽，最幸福的選擇

弟弟從小過敏很嚴重，起床時會打噴嚏，鼻涕流個不停；到了晚上，常常因為鼻子癢、鼻塞而睡不著覺。我帶他去看醫師，醫師說要吃藥持續三個月，並且多運動。雖然他的運動量很大，過敏情況卻始終沒有改善。於是，我開始自己打豆漿，每天做健康早餐給孩子吃，慢慢地，弟弟打噴嚏的頻率少了很多，有時遇到季節交替、溫差變化大時，也沒有出現過敏症狀。

從小到大，為了這兩個兒子，我不知操了多少心，流了多少眼淚。

去年，剛考完大學的哥哥說想念台北的學校，就能住家裡時，我簡直嚇傻

了。我可不想再當個隨傳隨到的免費保母車司機啊！也不想配合他的生活作息，

又不能明說，只好不著痕跡地勸說：「台中那間大學還不錯呀！」「台南的那所

大學是企業首選耶！」但他堅持把台北的學校填在第一志願。

放榜時我忍不住在心裡歡呼，我一定是上輩子拯救了世界，哥哥才會被分發

到中南部的大學，那一刻真的覺得自己出運了！

希望孩子到外地讀書的想法，不是不愛孩子，而是身為母親的我，很懷念生

了孩子以後就一刻不得閒的自由。當孩子離開家去外地上大學，對他們來說是人

生一大解放，對身為媽媽的我來說，何嘗不是重獲自由呢？我不再需要一大早叫

兒子們起床，每天為料理三餐而傷神，不用考慮他們的喜好，可以煮我想煮的、

愛吃的菜。

有時候我也會羨慕左鄰右舍的媽媽們，她們有的長得漂亮，有的孩子很聽

話，有的經常開著閃亮亮的名車出門。相較之下，我長得又胖又壯，聲音又粗又

啞。從小到大，三個孩子總有讓人煩惱不完的難題，等著我去收拾；而工程師不管賺多少錢，似乎都不夠用。每天到了學校，我要面對二十幾個精力旺盛的小學生，常常疲於奔命！

但是，轉個念頭想一想，我有輛可以四處奔馳的小車子代步，有一雙令我驕傲的修長美腿，有一棟可以安身的房子，有辛勤工作且疼愛我的老公、三個身體健康的孩子，還有一份穩定的工作，是不是很幸運？

我們觀看一件事情，可以有不同的角度，而我們的選擇也決定了生活的方式。 有時想想，當個不自由的媽媽，或許是我人生中最幸福的選擇！

223

教養生活 073

誰的青春不叛逆

作者　神老師 & 神媽咪（沈雅琪）
責任編輯　沈敬家
校對　劉素芬
封面設計　江麗姿
內頁排版　江麗姿

總編輯　龔橞甄
董事長　趙政岷
出版者　時報文化出版企業股份有限公司
　一○八○一九 臺北市和平西路三段二四○號四樓
　發行專線　（○二）二三○六六八四二
　讀者服務專線　○八○○二三一七○五
　　　　　　　（○二）二三○四七一○三
　讀者服務傳真　（○二）二三○四六八五八
　郵撥　一九三四四七二四 時報文化出版公司
　信箱　一○八九九 臺北華江橋郵局第 99 信箱
時報悅讀網　www.readingtimes.com.tw
法律顧問　理律法律事務所陳長文律師、李念祖律師
印刷　勁達印刷有限公司
初版一刷　二○二三年一月十三日
定價　新台幣三八○元（缺頁或破損的書，請寄回更換）

誰的青春不叛逆／神老師 & 神媽咪（沈雅琪）著. --
初版. -- 臺北市：時報文化出版企業股份有限公司，
2023.01
面；　公分 --（教養生活；73）

ISBN 978-626-353-229-8（平裝）

1.CST: 親職教育 2.CST: 親子關係 3.CST: 青春期

528.2　　　　　　　　　　　　　111019436

ISBN 978-626-353-229-8
Printed in Taiwan